MAKE TODAY
Awesome

DATE

SCHEDULE
6 AM
7 AM
8 AM
9 AM
10 AM
11 AM
12 AM
1 PM
2 PM
3 PM
4 PM
5 PM
6 PM
7 PM
8 PM
9 PM
10 PM
11 PM

PRIORITIES

❯
❯
❯

TO DO LIST

⬣
⬣
⬣
⬣
⬣
⬣

NOTES

MOOD

WATER

REMINDERS

IDEAS

GRATITUDE

FITNESS/HEALTH

STEPS

MAKE TODAY
Awesome

DATE	DAY

SCHEDULE

6 AM	
7 AM	
8 AM	
9 AM	
10 AM	
11 AM	
12 AM	
1 PM	
2 PM	
3 PM	
4 PM	
5 PM	
6 PM	
7 PM	
8 PM	
9 PM	
10 PM	
11 PM	

PRIORITIES

>
>
>

TO DO LIST

NOTES

MOOD

WATER

REMINDERS

IDEAS

GRATITUDE

FITNESS/HEALTH

STEPS

MAKE TODAY
Awesome

DATE		DAY

SCHEDULE
6 AM
7 AM
8 AM
9 AM
10 AM
11 AM
12 AM
1 PM
2 PM
3 PM
4 PM
5 PM
6 PM
7 PM
8 PM
9 PM
10 PM
11 PM

PRIORITIES

❯
❯
❯

TO DO LIST

⬡
⬡
⬡
⬡
⬡
⬡

NOTES

MOOD

WATER

REMINDERS

IDEAS

GRATITUDE

FITNESS/HEALTH

STEPS

MAKE TODAY
Awesome

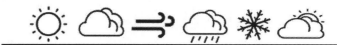

DATE	DAY

SCHEDULE

6 AM
7 AM
8 AM
9 AM
10 AM
11 AM
12 AM
1 PM
2 PM
3 PM
4 PM
5 PM
6 PM
7 PM
8 PM
9 PM
10 PM
11 PM

PRIORITIES

>
>
>

TO DO LIST

⬡
⬡
⬡
⬡
⬡
⬡

NOTES

MOOD

WATER

REMINDERS

IDEAS

GRATITUDE

FITNESS/HEALTH

STEPS

MAKE TODAY
Awesome

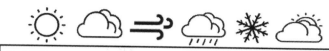

DATE	DAY

SCHEDULE

6 AM	
7 AM	
8 AM	
9 AM	
10 AM	
11 AM	
12 AM	
1 PM	
2 PM	
3 PM	
4 PM	
5 PM	
6 PM	
7 PM	
8 PM	
9 PM	
10 PM	
11 PM	

PRIORITIES

>
>
>

TO DO LIST

-
-
-
-
-
-

NOTES

MOOD

WATER

REMINDERS

IDEAS

GRATITUDE

FITNESS/HEALTH

STEPS

MAKE TODAY
Awesome

DATE	DAY

SCHEDULE

6 AM	
7 AM	
8 AM	
9 AM	
10 AM	
11 AM	
12 AM	
1 PM	
2 PM	
3 PM	
4 PM	
5 PM	
6 PM	
7 PM	
8 PM	
9 PM	
10 PM	
11 PM	

PRIORITIES

>
>
>

TO DO LIST

⬢
⬢
⬢
⬢
⬢
⬢

NOTES

MOOD

WATER

REMINDERS

IDEAS

GRATITUDE

FITNESS/HEALTH

STEPS

MAKE TODAY
Awesome

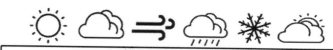

DATE	DAY

SCHEDULE

6 AM	
7 AM	
8 AM	
9 AM	
10 AM	
11 AM	
12 AM	
1 PM	
2 PM	
3 PM	
4 PM	
5 PM	
6 PM	
7 PM	
8 PM	
9 PM	
10 PM	
11 PM	

PRIORITIES

TO DO LIST

NOTES

MOOD

WATER

REMINDERS

IDEAS

GRATITUDE

FITNESS/HEALTH

STEPS

MAKE TODAY
Awesome

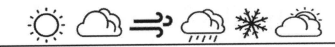

DATE	DAY

SCHEDULE

6 AM	
7 AM	
8 AM	
9 AM	
10 AM	
11 AM	
12 AM	
1 PM	
2 PM	
3 PM	
4 PM	
5 PM	
6 PM	
7 PM	
8 PM	
9 PM	
10 PM	
11 PM	

PRIORITIES

>
>
>

TO DO LIST

NOTES

MOOD

WATER

REMINDERS

IDEAS

GRATITUDE

FITNESS/HEALTH

STEPS

MAKE TODAY
Awesome

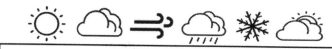

DATE	DAY

SCHEDULE

6 AM	
7 AM	
8 AM	
9 AM	
10 AM	
11 AM	
12 AM	
1 PM	
2 PM	
3 PM	
4 PM	
5 PM	
6 PM	
7 PM	
8 PM	
9 PM	
10 PM	
11 PM	

PRIORITIES

>
>
>

TO DO LIST

NOTES

MOOD

WATER

REMINDERS

IDEAS

GRATITUDE

FITNESS/HEALTH

STEPS

MAKE TODAY
Awesome

DATE	DAY

SCHEDULE

6 AM	
7 AM	
8 AM	
9 AM	
10 AM	
11 AM	
12 AM	
1 PM	
2 PM	
3 PM	
4 PM	
5 PM	
6 PM	
7 PM	
8 PM	
9 PM	
10 PM	
11 PM	

PRIORITIES

>
>
>

TO DO LIST

- ⬢
- ⬢
- ⬢
- ⬢
- ⬢
- ⬢

NOTES

MOOD

WATER

REMINDERS

IDEAS

GRATITUDE

FITNESS/HEALTH

STEPS

MAKE TODAY
Awesome

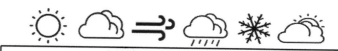

DATE	DAY

SCHEDULE

6 AM	
7 AM	
8 AM	
9 AM	
10 AM	
11 AM	
12 AM	
1 PM	
2 PM	
3 PM	
4 PM	
5 PM	
6 PM	
7 PM	
8 PM	
9 PM	
10 PM	
11 PM	

PRIORITIES

>
>
>

TO DO LIST

- ⬢
- ⬢
- ⬢
- ⬢
- ⬢
- ⬢

NOTES

MOOD

WATER

REMINDERS

IDEAS

GRATITUDE

FITNESS/HEALTH

STEPS

MAKE TODAY
Awesome

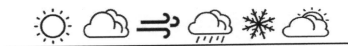

DATE	DAY

SCHEDULE

6 AM	
7 AM	
8 AM	
9 AM	
10 AM	
11 AM	
12 AM	
1 PM	
2 PM	
3 PM	
4 PM	
5 PM	
6 PM	
7 PM	
8 PM	
9 PM	
10 PM	
11 PM	

PRIORITIES

>
>
>

TO DO LIST

-
-
-
-
-
-

NOTES

MOOD

WATER

REMINDERS

IDEAS

GRATITUDE

FITNESS/HEALTH

STEPS

MAKE TODAY
Awesome

DATE	DAY

SCHEDULE

6 AM
7 AM
8 AM
9 AM
10 AM
11 AM
12 AM
1 PM
2 PM
3 PM
4 PM
5 PM
6 PM
7 PM
8 PM
9 PM
10 PM
11 PM

PRIORITIES

>
>
>

TO DO LIST

-
-
-
-
-
-

NOTES

MOOD

WATER

REMINDERS

IDEAS

GRATITUDE

FITNESS/HEALTH

STEPS

MAKE TODAY
Awesome

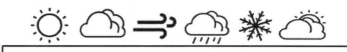

DATE _____ DAY _____

SCHEDULE

6 AM	
7 AM	
8 AM	
9 AM	
10 AM	
11 AM	
12 AM	
1 PM	
2 PM	
3 PM	
4 PM	
5 PM	
6 PM	
7 PM	
8 PM	
9 PM	
10 PM	
11 PM	

PRIORITIES

›
›
›

TO DO LIST

⬡
⬡
⬡
⬡
⬡
⬡

NOTES

MOOD

WATER

REMINDERS

IDEAS

GRATITUDE

FITNESS/HEALTH

STEPS

MAKE TODAY
Awesome

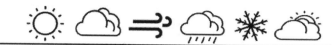

DATE	DAY

SCHEDULE

6 AM	
7 AM	
8 AM	
9 AM	
10 AM	
11 AM	
12 AM	
1 PM	
2 PM	
3 PM	
4 PM	
5 PM	
6 PM	
7 PM	
8 PM	
9 PM	
10 PM	
11 PM	

PRIORITIES

>
>
>

TO DO LIST

- ⬡
- ⬡
- ⬡
- ⬡
- ⬡
- ⬡

NOTES

MOOD

WATER

REMINDERS

IDEAS

GRATITUDE

FITNESS/HEALTH

STEPS

MAKE TODAY
Awesome

DATE	DAY

SCHEDULE

6 AM	
7 AM	
8 AM	
9 AM	
10 AM	
11 AM	
12 AM	
1 PM	
2 PM	
3 PM	
4 PM	
5 PM	
6 PM	
7 PM	
8 PM	
9 PM	
10 PM	
11 PM	

PRIORITIES

TO DO LIST

NOTES

MOOD

WATER

REMINDERS

IDEAS

GRATITUDE

FITNESS/HEALTH

STEPS

MAKE TODAY
Awesome

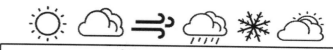

DATE	DAY

SCHEDULE

6 AM	
7 AM	
8 AM	
9 AM	
10 AM	
11 AM	
12 AM	
1 PM	
2 PM	
3 PM	
4 PM	
5 PM	
6 PM	
7 PM	
8 PM	
9 PM	
10 PM	
11 PM	

PRIORITIES

❭
❭
❭

TO DO LIST

⬡
⬡
⬡
⬡
⬡
⬡

NOTES

MOOD

WATER

REMINDERS

IDEAS

GRATITUDE

FITNESS/HEALTH

STEPS

MAKE TODAY
Awesome

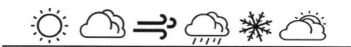

DATE	DAY

SCHEDULE

6 AM	
7 AM	
8 AM	
9 AM	
10 AM	
11 AM	
12 AM	
1 PM	
2 PM	
3 PM	
4 PM	
5 PM	
6 PM	
7 PM	
8 PM	
9 PM	
10 PM	
11 PM	

PRIORITIES

TO DO LIST

NOTES

MOOD

WATER

REMINDERS

IDEAS

GRATITUDE

FITNESS/HEALTH

STEPS

MAKE TODAY
Awesome

DATE	DAY

SCHEDULE

6 AM	
7 AM	
8 AM	
9 AM	
10 AM	
11 AM	
12 AM	
1 PM	
2 PM	
3 PM	
4 PM	
5 PM	
6 PM	
7 PM	
8 PM	
9 PM	
10 PM	
11 PM	

PRIORITIES

- ❯
- ❯
- ❯

TO DO LIST

- ⬢
- ⬢
- ⬢
- ⬢
- ⬢
- ⬢

NOTES

MOOD

WATER

REMINDERS

IDEAS

GRATITUDE

FITNESS/HEALTH

STEPS

MAKE TODAY
Awesome

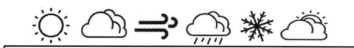

DATE	DAY

SCHEDULE

6 AM	
7 AM	
8 AM	
9 AM	
10 AM	
11 AM	
12 AM	
1 PM	
2 PM	
3 PM	
4 PM	
5 PM	
6 PM	
7 PM	
8 PM	
9 PM	
10 PM	
11 PM	

PRIORITIES

>
>
>

TO DO LIST

⬢
⬢
⬢
⬢
⬢
⬢

NOTES

MOOD

WATER

REMINDERS

IDEAS

GRATITUDE

FITNESS/HEALTH

STEPS

MAKE TODAY
Awesome

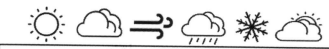

DATE		DAY	

SCHEDULE

6 AM
7 AM
8 AM
9 AM
10 AM
11 AM
12 AM
1 PM
2 PM
3 PM
4 PM
5 PM
6 PM
7 PM
8 PM
9 PM
10 PM
11 PM

PRIORITIES

TO DO LIST

NOTES

MOOD

WATER

REMINDERS

IDEAS

GRATITUDE

FITNESS/HEALTH

STEPS

MAKE TODAY
Awesome

DATE		DAY

SCHEDULE

6 AM
7 AM
8 AM
9 AM
10 AM
11 AM
12 AM
1 PM
2 PM
3 PM
4 PM
5 PM
6 PM
7 PM
8 PM
9 PM
10 PM
11 PM

PRIORITIES

❯
❯
❯

TO DO LIST

⬢
⬢
⬢
⬢
⬢
⬢

NOTES

MOOD

WATER

REMINDERS

IDEAS

GRATITUDE

FITNESS/HEALTH

STEPS

MAKE TODAY
Awesome

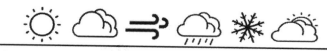

DATE	DAY

SCHEDULE

6 AM	
7 AM	
8 AM	
9 AM	
10 AM	
11 AM	
12 AM	
1 PM	
2 PM	
3 PM	
4 PM	
5 PM	
6 PM	
7 PM	
8 PM	
9 PM	
10 PM	
11 PM	

PRIORITIES

>
>
>

TO DO LIST

-
-
-
-
-
-

NOTES

MOOD

WATER

REMINDERS

IDEAS

GRATITUDE

FITNESS/HEALTH

STEPS

MAKE TODAY
Awesome

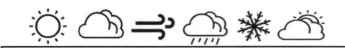

DATE	DAY

SCHEDULE

6 AM
7 AM
8 AM
9 AM
10 AM
11 AM
12 AM
1 PM
2 PM
3 PM
4 PM
5 PM
6 PM
7 PM
8 PM
9 PM
10 PM
11 PM

PRIORITIES

TO DO LIST

NOTES

MOOD

WATER

REMINDERS

IDEAS

GRATITUDE

FITNESS/HEALTH

STEPS

MAKE TODAY
Awesome

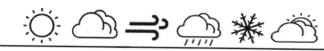

DATE	DAY

SCHEDULE

6 AM	
7 AM	
8 AM	
9 AM	
10 AM	
11 AM	
12 AM	
1 PM	
2 PM	
3 PM	
4 PM	
5 PM	
6 PM	
7 PM	
8 PM	
9 PM	
10 PM	
11 PM	

PRIORITIES

>
>
>

TO DO LIST

●
●
●
●
●
●

NOTES

MOOD

WATER

REMINDERS

IDEAS

GRATITUDE

FITNESS/HEALTH

STEPS

MAKE TODAY
Awesome

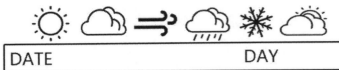

DATE	DAY

SCHEDULE

6 AM	
7 AM	
8 AM	
9 AM	
10 AM	
11 AM	
12 AM	
1 PM	
2 PM	
3 PM	
4 PM	
5 PM	
6 PM	
7 PM	
8 PM	
9 PM	
10 PM	
11 PM	

PRIORITIES

>
>
>

TO DO LIST

NOTES

MOOD

WATER

REMINDERS

IDEAS

GRATITUDE

FITNESS/HEALTH

STEPS

MAKE TODAY Awesome

DATE	DAY

SCHEDULE

6 AM	
7 AM	
8 AM	
9 AM	
10 AM	
11 AM	
12 AM	
1 PM	
2 PM	
3 PM	
4 PM	
5 PM	
6 PM	
7 PM	
8 PM	
9 PM	
10 PM	
11 PM	

PRIORITIES

TO DO LIST

NOTES

MOOD

WATER

REMINDERS

IDEAS

GRATITUDE

FITNESS/HEALTH

STEPS

MAKE TODAY
Awesome

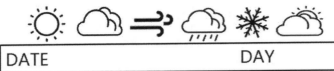

DATE	DAY

SCHEDULE

Time	
6 AM	
7 AM	
8 AM	
9 AM	
10 AM	
11 AM	
12 AM	
1 PM	
2 PM	
3 PM	
4 PM	
5 PM	
6 PM	
7 PM	
8 PM	
9 PM	
10 PM	
11 PM	

PRIORITIES

❯
❯
❯

TO DO LIST

⬡
⬡
⬡
⬡
⬡
⬡

NOTES

MOOD

WATER

REMINDERS

IDEAS

GRATITUDE

FITNESS/HEALTH

STEPS

MAKE TODAY
Awesome

DATE	DAY

SCHEDULE

6 AM
7 AM
8 AM
9 AM
10 AM
11 AM
12 AM
1 PM
2 PM
3 PM
4 PM
5 PM
6 PM
7 PM
8 PM
9 PM
10 PM
11 PM

PRIORITIES

>
>
>

TO DO LIST

-
-
-
-
-
-

NOTES

MOOD

WATER

REMINDERS

IDEAS

GRATITUDE

FITNESS/HEALTH

STEPS

MAKE TODAY
Awesome

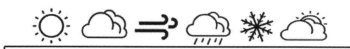

DATE	DAY

SCHEDULE

6 AM	
7 AM	
8 AM	
9 AM	
10 AM	
11 AM	
12 AM	
1 PM	
2 PM	
3 PM	
4 PM	
5 PM	
6 PM	
7 PM	
8 PM	
9 PM	
10 PM	
11 PM	

PRIORITIES

>
>
>

TO DO LIST

⬢
⬢
⬢
⬢
⬢
⬢

NOTES

MOOD

WATER

REMINDERS

IDEAS

GRATITUDE

FITNESS/HEALTH

STEPS

MAKE TODAY
Awesome

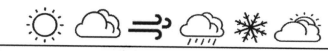

DATE		DAY

SCHEDULE
6 AM
7 AM
8 AM
9 AM
10 AM
11 AM
12 AM
1 PM
2 PM
3 PM
4 PM
5 PM
6 PM
7 PM
8 PM
9 PM
10 PM
11 PM

PRIORITIES

>
>
>

TO DO LIST

⬢
⬢
⬢
⬢
⬢
⬢

NOTES

MOOD

WATER

REMINDERS

IDEAS

GRATITUDE

FITNESS/HEALTH

STEPS

MAKE TODAY
Awesome

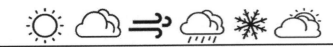

DATE	DAY

SCHEDULE

6 AM	
7 AM	
8 AM	
9 AM	
10 AM	
11 AM	
12 AM	
1 PM	
2 PM	
3 PM	
4 PM	
5 PM	
6 PM	
7 PM	
8 PM	
9 PM	
10 PM	
11 PM	

PRIORITIES

>
>
>

TO DO LIST

-
-
-
-
-
-

NOTES

MOOD

WATER

REMINDERS

IDEAS

GRATITUDE

FITNESS/HEALTH

STEPS

MAKE TODAY
Awesome

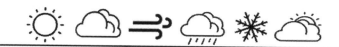

DATE	DAY

SCHEDULE

6 AM	
7 AM	
8 AM	
9 AM	
10 AM	
11 AM	
12 AM	
1 PM	
2 PM	
3 PM	
4 PM	
5 PM	
6 PM	
7 PM	
8 PM	
9 PM	
10 PM	
11 PM	

PRIORITIES

>
>
>

TO DO LIST

NOTES

MOOD

WATER

REMINDERS

IDEAS

GRATITUDE

FITNESS/HEALTH

STEPS

MAKE TODAY
Awesome

DATE	DAY

SCHEDULE

6 AM	
7 AM	
8 AM	
9 AM	
10 AM	
11 AM	
12 AM	
1 PM	
2 PM	
3 PM	
4 PM	
5 PM	
6 PM	
7 PM	
8 PM	
9 PM	
10 PM	
11 PM	

PRIORITIES

>
>
>

TO DO LIST

⬡
⬡
⬡
⬡
⬡
⬡

NOTES

MOOD

WATER

REMINDERS

IDEAS

GRATITUDE

FITNESS/HEALTH

STEPS

MAKE TODAY
Awesome

DATE	DAY

SCHEDULE

6 AM	
7 AM	
8 AM	
9 AM	
10 AM	
11 AM	
12 AM	
1 PM	
2 PM	
3 PM	
4 PM	
5 PM	
6 PM	
7 PM	
8 PM	
9 PM	
10 PM	
11 PM	

PRIORITIES

>
>
>

TO DO LIST

-
-
-
-
-
-

NOTES

MOOD

WATER

REMINDERS

IDEAS

GRATITUDE

FITNESS/HEALTH

STEPS

MAKE TODAY
Awesome

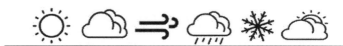

DATE	DAY

SCHEDULE

6 AM	
7 AM	
8 AM	
9 AM	
10 AM	
11 AM	
12 AM	
1 PM	
2 PM	
3 PM	
4 PM	
5 PM	
6 PM	
7 PM	
8 PM	
9 PM	
10 PM	
11 PM	

PRIORITIES

>
>
>

TO DO LIST

-
-
-
-
-
-

NOTES

MOOD

WATER

REMINDERS

IDEAS

GRATITUDE

FITNESS/HEALTH

STEPS

MAKE TODAY
Awesome

DATE		DAY	

SCHEDULE

6 AM
7 AM
8 AM
9 AM
10 AM
11 AM
12 AM
1 PM
2 PM
3 PM
4 PM
5 PM
6 PM
7 PM
8 PM
9 PM
10 PM
11 PM

PRIORITIES

>
>
>

TO DO LIST

⬡
⬡
⬡
⬡
⬡
⬡

NOTES

MOOD

WATER

REMINDERS

IDEAS

GRATITUDE

FITNESS/HEALTH

STEPS

MAKE TODAY
Awesome

DATE	DAY

SCHEDULE

6 AM
7 AM
8 AM
9 AM
10 AM
11 AM
12 AM
1 PM
2 PM
3 PM
4 PM
5 PM
6 PM
7 PM
8 PM
9 PM
10 PM
11 PM

PRIORITIES

>
>
>

TO DO LIST

⬢
⬢
⬢
⬢
⬢
⬢

NOTES

MOOD

WATER

REMINDERS

IDEAS

GRATITUDE

FITNESS/HEALTH

STEPS

MAKE TODAY Awesome

DATE		DAY	

SCHEDULE

6 AM	
7 AM	
8 AM	
9 AM	
10 AM	
11 AM	
12 AM	
1 PM	
2 PM	
3 PM	
4 PM	
5 PM	
6 PM	
7 PM	
8 PM	
9 PM	
10 PM	
11 PM	

PRIORITIES

>
>
>

TO DO LIST

-
-
-
-
-
-

NOTES

MOOD

WATER

REMINDERS

IDEAS

GRATITUDE

FITNESS/HEALTH

STEPS

MAKE TODAY
Awesome

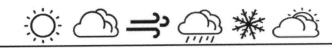

DATE	DAY

SCHEDULE

6 AM	
7 AM	
8 AM	
9 AM	
10 AM	
11 AM	
12 AM	
1 PM	
2 PM	
3 PM	
4 PM	
5 PM	
6 PM	
7 PM	
8 PM	
9 PM	
10 PM	
11 PM	

PRIORITIES

TO DO LIST

NOTES

MOOD

WATER

REMINDERS

IDEAS

GRATITUDE

FITNESS/HEALTH

STEPS

MAKE TODAY
Awesome

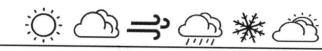

DATE	DAY

SCHEDULE

6 AM	
7 AM	
8 AM	
9 AM	
10 AM	
11 AM	
12 AM	
1 PM	
2 PM	
3 PM	
4 PM	
5 PM	
6 PM	
7 PM	
8 PM	
9 PM	
10 PM	
11 PM	

PRIORITIES

>
>
>

TO DO LIST

⬢
⬢
⬢
⬢
⬢
⬢

NOTES

MOOD

WATER

REMINDERS

IDEAS

GRATITUDE

FITNESS/HEALTH

STEPS

MAKE TODAY
Awesome

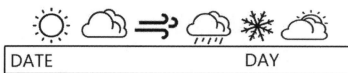

DATE		DAY	

SCHEDULE

6 AM	
7 AM	
8 AM	
9 AM	
10 AM	
11 AM	
12 AM	
1 PM	
2 PM	
3 PM	
4 PM	
5 PM	
6 PM	
7 PM	
8 PM	
9 PM	
10 PM	
11 PM	

PRIORITIES

>
>
>

TO DO LIST

-
-
-
-
-
-

NOTES

MOOD

WATER

REMINDERS

IDEAS

GRATITUDE

FITNESS/HEALTH

STEPS

MAKE TODAY
Awesome

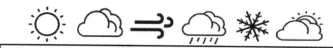

DATE	DAY

SCHEDULE

6 AM
7 AM
8 AM
9 AM
10 AM
11 AM
12 AM
1 PM
2 PM
3 PM
4 PM
5 PM
6 PM
7 PM
8 PM
9 PM
10 PM
11 PM

PRIORITIES

>
>
>

TO DO LIST

-
-
-
-
-
-

NOTES

MOOD

WATER

REMINDERS

IDEAS

GRATITUDE

FITNESS/HEALTH

STEPS

MAKE TODAY
Awesome

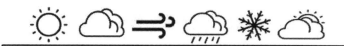

DATE	DAY

SCHEDULE

6 AM	
7 AM	
8 AM	
9 AM	
10 AM	
11 AM	
12 AM	
1 PM	
2 PM	
3 PM	
4 PM	
5 PM	
6 PM	
7 PM	
8 PM	
9 PM	
10 PM	
11 PM	

PRIORITIES

❯
❯
❯

TO DO LIST

⬢
⬢
⬢
⬢
⬢
⬢

NOTES

MOOD

WATER

REMINDERS

IDEAS

GRATITUDE

FITNESS/HEALTH

STEPS

MAKE TODAY Awesome

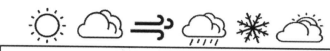

DATE		DAY	

SCHEDULE

6 AM	
7 AM	
8 AM	
9 AM	
10 AM	
11 AM	
12 AM	
1 PM	
2 PM	
3 PM	
4 PM	
5 PM	
6 PM	
7 PM	
8 PM	
9 PM	
10 PM	
11 PM	

PRIORITIES

➤
➤
➤

TO DO LIST

⬢
⬢
⬢
⬢
⬢
⬢

NOTES

MOOD

WATER

REMINDERS

IDEAS

GRATITUDE

FITNESS/HEALTH

STEPS

MAKE TODAY
Awesome

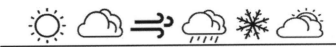

DATE   DAY

SCHEDULE
6 AM
7 AM
8 AM
9 AM
10 AM
11 AM
12 AM
1 PM
2 PM
3 PM
4 PM
5 PM
6 PM
7 PM
8 PM
9 PM
10 PM
11 PM

PRIORITIES

TO DO LIST

NOTES

MOOD

WATER

REMINDERS

IDEAS

GRATITUDE

FITNESS/HEALTH

STEPS

MAKE TODAY Awesome

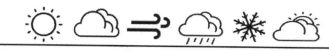

DATE	DAY

SCHEDULE

6 AM	
7 AM	
8 AM	
9 AM	
10 AM	
11 AM	
12 AM	
1 PM	
2 PM	
3 PM	
4 PM	
5 PM	
6 PM	
7 PM	
8 PM	
9 PM	
10 PM	
11 PM	

PRIORITIES

>
>
>

TO DO LIST

⬢
⬢
⬢
⬢
⬢
⬢

NOTES

MOOD

WATER

REMINDERS

IDEAS

GRATITUDE

FITNESS/HEALTH

STEPS

MAKE TODAY
Awesome

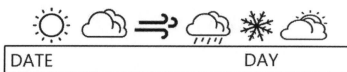

DATE	DAY

SCHEDULE
6 AM
7 AM
8 AM
9 AM
10 AM
11 AM
12 AM
1 PM
2 PM
3 PM
4 PM
5 PM
6 PM
7 PM
8 PM
9 PM
10 PM
11 PM

PRIORITIES
>
>
>

TO DO LIST
- ⬢
- ⬢
- ⬢
- ⬢
- ⬢
- ⬢

NOTES

MOOD

WATER

REMINDERS

IDEAS

GRATITUDE

FITNESS/HEALTH

STEPS

MAKE TODAY
Awesome

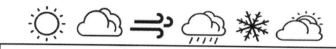

DATE		DAY	

SCHEDULE

6 AM	
7 AM	
8 AM	
9 AM	
10 AM	
11 AM	
12 AM	
1 PM	
2 PM	
3 PM	
4 PM	
5 PM	
6 PM	
7 PM	
8 PM	
9 PM	
10 PM	
11 PM	

PRIORITIES

>
>
>

TO DO LIST

NOTES

MOOD

WATER

REMINDERS

IDEAS

GRATITUDE

FITNESS/HEALTH

STEPS

MAKE TODAY
Awesome

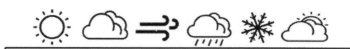

DATE		DAY	

SCHEDULE

6 AM
7 AM
8 AM
9 AM
10 AM
11 AM
12 AM
1 PM
2 PM
3 PM
4 PM
5 PM
6 PM
7 PM
8 PM
9 PM
10 PM
11 PM

PRIORITIES

›
›
›

TO DO LIST

⬢
⬢
⬢
⬢
⬢
⬢

NOTES

MOOD

WATER

REMINDERS

IDEAS

GRATITUDE

FITNESS/HEALTH

STEPS

MAKE TODAY
Awesome

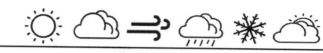

DATE	DAY

SCHEDULE

6 AM	
7 AM	
8 AM	
9 AM	
10 AM	
11 AM	
12 AM	
1 PM	
2 PM	
3 PM	
4 PM	
5 PM	
6 PM	
7 PM	
8 PM	
9 PM	
10 PM	
11 PM	

PRIORITIES

>
>
>

TO DO LIST

- ⬡
- ⬡
- ⬡
- ⬡
- ⬡
- ⬡

NOTES

MOOD

WATER

REMINDERS

IDEAS

GRATITUDE

FITNESS/HEALTH

STEPS

MAKE TODAY
Awesome

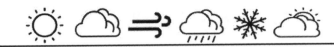

DATE	DAY

SCHEDULE

6 AM	
7 AM	
8 AM	
9 AM	
10 AM	
11 AM	
12 AM	
1 PM	
2 PM	
3 PM	
4 PM	
5 PM	
6 PM	
7 PM	
8 PM	
9 PM	
10 PM	
11 PM	

PRIORITIES

>
>
>

TO DO LIST

NOTES

MOOD

WATER

REMINDERS

IDEAS

GRATITUDE

FITNESS/HEALTH

STEPS

MAKE TODAY
Awesome

DATE	DAY

SCHEDULE

6 AM	
7 AM	
8 AM	
9 AM	
10 AM	
11 AM	
12 AM	
1 PM	
2 PM	
3 PM	
4 PM	
5 PM	
6 PM	
7 PM	
8 PM	
9 PM	
10 PM	
11 PM	

PRIORITIES

- ❯
- ❯
- ❯

TO DO LIST

- ⬡
- ⬡
- ⬡
- ⬡
- ⬡
- ⬡

NOTES

MOOD

WATER

REMINDERS

IDEAS

GRATITUDE

FITNESS/HEALTH

STEPS

MAKE TODAY
Awesome

DATE	DAY

SCHEDULE

6 AM	
7 AM	
8 AM	
9 AM	
10 AM	
11 AM	
12 AM	
1 PM	
2 PM	
3 PM	
4 PM	
5 PM	
6 PM	
7 PM	
8 PM	
9 PM	
10 PM	
11 PM	

PRIORITIES

>
>
>

TO DO LIST

-
-
-
-
-
-

NOTES

MOOD

WATER

REMINDERS

IDEAS

GRATITUDE

FITNESS/HEALTH

STEPS

MAKE TODAY
Awesome

DATE	DAY

SCHEDULE

6 AM	
7 AM	
8 AM	
9 AM	
10 AM	
11 AM	
12 AM	
1 PM	
2 PM	
3 PM	
4 PM	
5 PM	
6 PM	
7 PM	
8 PM	
9 PM	
10 PM	
11 PM	

PRIORITIES

- ▶
- ▶
- ▶

TO DO LIST

- ⬡
- ⬡
- ⬡
- ⬡
- ⬡
- ⬡

NOTES

MOOD

WATER

REMINDERS

IDEAS

GRATITUDE

FITNESS/HEALTH

STEPS

MAKE TODAY
Awesome

DATE	DAY

SCHEDULE
6 AM
7 AM
8 AM
9 AM
10 AM
11 AM
12 AM
1 PM
2 PM
3 PM
4 PM
5 PM
6 PM
7 PM
8 PM
9 PM
10 PM
11 PM

PRIORITIES

>
>
>

TO DO LIST

NOTES

MOOD

WATER

REMINDERS

IDEAS

GRATITUDE

FITNESS/HEALTH

STEPS

MAKE TODAY
Awesome

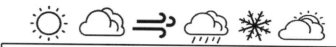

DATE	DAY

SCHEDULE

6 AM	
7 AM	
8 AM	
9 AM	
10 AM	
11 AM	
12 AM	
1 PM	
2 PM	
3 PM	
4 PM	
5 PM	
6 PM	
7 PM	
8 PM	
9 PM	
10 PM	
11 PM	

PRIORITIES

TO DO LIST

NOTES

MOOD

WATER

REMINDERS

IDEAS

GRATITUDE

FITNESS/HEALTH

STEPS

MAKE TODAY
Awesome

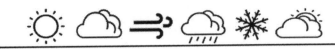

DATE	DAY

SCHEDULE

6 AM	
7 AM	
8 AM	
9 AM	
10 AM	
11 AM	
12 AM	
1 PM	
2 PM	
3 PM	
4 PM	
5 PM	
6 PM	
7 PM	
8 PM	
9 PM	
10 PM	
11 PM	

PRIORITIES

>
>
>

TO DO LIST

⬡
⬡
⬡
⬡
⬡
⬡

NOTES

MOOD

WATER

REMINDERS

IDEAS

GRATITUDE

FITNESS/HEALTH

STEPS

MAKE TODAY Awesome

DATE		DAY	

SCHEDULE

6 AM
7 AM
8 AM
9 AM
10 AM
11 AM
12 AM
1 PM
2 PM
3 PM
4 PM
5 PM
6 PM
7 PM
8 PM
9 PM
10 PM
11 PM

PRIORITIES

>
>
>

TO DO LIST

⬡
⬡
⬡
⬡
⬡
⬡

NOTES

MOOD

WATER

REMINDERS

IDEAS

GRATITUDE

FITNESS/HEALTH

STEPS

MAKE TODAY
Awesome

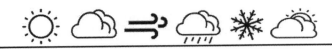

DATE	DAY

SCHEDULE

6 AM	
7 AM	
8 AM	
9 AM	
10 AM	
11 AM	
12 AM	
1 PM	
2 PM	
3 PM	
4 PM	
5 PM	
6 PM	
7 PM	
8 PM	
9 PM	
10 PM	
11 PM	

PRIORITIES

>
>
>

TO DO LIST

-
-
-
-
-
-

NOTES

MOOD

WATER

REMINDERS

IDEAS

GRATITUDE

FITNESS/HEALTH

STEPS

MAKE TODAY
Awesome

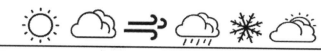

DATE	DAY

SCHEDULE
6 AM
7 AM
8 AM
9 AM
10 AM
11 AM
12 AM
1 PM
2 PM
3 PM
4 PM
5 PM
6 PM
7 PM
8 PM
9 PM
10 PM
11 PM

PRIORITIES

>
>
>

TO DO LIST

- ⬢
- ⬢
- ⬢
- ⬢
- ⬢
- ⬢

NOTES

MOOD

WATER

REMINDERS

IDEAS

GRATITUDE

FITNESS/HEALTH

STEPS

MAKE TODAY
Awesome

DATE   **DAY**

SCHEDULE

6 AM	
7 AM	
8 AM	
9 AM	
10 AM	
11 AM	
12 AM	
1 PM	
2 PM	
3 PM	
4 PM	
5 PM	
6 PM	
7 PM	
8 PM	
9 PM	
10 PM	
11 PM	

PRIORITIES

>
>
>

TO DO LIST

NOTES

MOOD

WATER

REMINDERS

IDEAS

GRATITUDE

FITNESS/HEALTH

STEPS

MAKE TODAY
Awesome

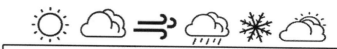

DATE	DAY

SCHEDULE

6 AM	
7 AM	
8 AM	
9 AM	
10 AM	
11 AM	
12 AM	
1 PM	
2 PM	
3 PM	
4 PM	
5 PM	
6 PM	
7 PM	
8 PM	
9 PM	
10 PM	
11 PM	

PRIORITIES

>
>
>

TO DO LIST

⬢
⬢
⬢
⬢
⬢
⬢

NOTES

MOOD

WATER

REMINDERS

IDEAS

GRATITUDE

FITNESS/HEALTH

STEPS

MAKE TODAY
Awesome

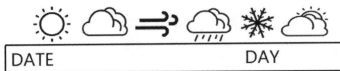

DATE	DAY

SCHEDULE

6 AM	
7 AM	
8 AM	
9 AM	
10 AM	
11 AM	
12 AM	
1 PM	
2 PM	
3 PM	
4 PM	
5 PM	
6 PM	
7 PM	
8 PM	
9 PM	
10 PM	
11 PM	

PRIORITIES

TO DO LIST

NOTES

MOOD

WATER

REMINDERS

IDEAS

GRATITUDE

FITNESS/HEALTH

STEPS

MAKE TODAY
Awesome

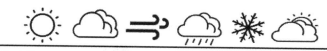

DATE	DAY

SCHEDULE

6 AM
7 AM
8 AM
9 AM
10 AM
11 AM
12 AM
1 PM
2 PM
3 PM
4 PM
5 PM
6 PM
7 PM
8 PM
9 PM
10 PM
11 PM

PRIORITIES

>
>
>

TO DO LIST

NOTES

MOOD

WATER

REMINDERS

IDEAS

GRATITUDE

FITNESS/HEALTH

STEPS

MAKE TODAY
Awesome

DATE	DAY

SCHEDULE

6 AM	
7 AM	
8 AM	
9 AM	
10 AM	
11 AM	
12 AM	
1 PM	
2 PM	
3 PM	
4 PM	
5 PM	
6 PM	
7 PM	
8 PM	
9 PM	
10 PM	
11 PM	

PRIORITIES

>
>
>

TO DO LIST

NOTES

MOOD

WATER

REMINDERS

IDEAS

GRATITUDE

FITNESS/HEALTH

STEPS

MAKE TODAY
Awesome

DATE		DAY

SCHEDULE

6 AM	
7 AM	
8 AM	
9 AM	
10 AM	
11 AM	
12 AM	
1 PM	
2 PM	
3 PM	
4 PM	
5 PM	
6 PM	
7 PM	
8 PM	
9 PM	
10 PM	
11 PM	

PRIORITIES

- ❯
- ❯
- ❯

TO DO LIST

- ⬡
- ⬡
- ⬡
- ⬡
- ⬡
- ⬡

NOTES

MOOD

WATER

REMINDERS

IDEAS

GRATITUDE

FITNESS/HEALTH

STEPS

MAKE TODAY
Awesome

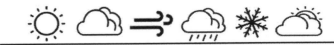

DATE	DAY

SCHEDULE

6 AM	
7 AM	
8 AM	
9 AM	
10 AM	
11 AM	
12 AM	
1 PM	
2 PM	
3 PM	
4 PM	
5 PM	
6 PM	
7 PM	
8 PM	
9 PM	
10 PM	
11 PM	

PRIORITIES

>
>
>

TO DO LIST

- ⬡
- ⬡
- ⬡
- ⬡
- ⬡
- ⬡

NOTES

MOOD

WATER

REMINDERS

IDEAS

GRATITUDE

FITNESS/HEALTH

STEPS

MAKE TODAY
Awesome

DATE	DAY

SCHEDULE

6 AM	
7 AM	
8 AM	
9 AM	
10 AM	
11 AM	
12 AM	
1 PM	
2 PM	
3 PM	
4 PM	
5 PM	
6 PM	
7 PM	
8 PM	
9 PM	
10 PM	
11 PM	

PRIORITIES

>
>
>

TO DO LIST

⬢
⬢
⬢
⬢
⬢
⬢

NOTES

MOOD

WATER

REMINDERS

IDEAS

GRATITUDE

FITNESS/HEALTH

STEPS

MAKE TODAY
Awesome

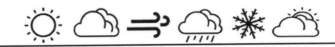

DATE	DAY

SCHEDULE

6 AM	
7 AM	
8 AM	
9 AM	
10 AM	
11 AM	
12 AM	
1 PM	
2 PM	
3 PM	
4 PM	
5 PM	
6 PM	
7 PM	
8 PM	
9 PM	
10 PM	
11 PM	

PRIORITIES

>
>
>

TO DO LIST

NOTES

MOOD

WATER

REMINDERS

IDEAS

GRATITUDE

FITNESS/HEALTH

STEPS

MAKE TODAY
Awesome

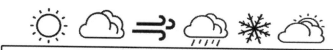

DATE		DAY

SCHEDULE
6 AM
7 AM
8 AM
9 AM
10 AM
11 AM
12 AM
1 PM
2 PM
3 PM
4 PM
5 PM
6 PM
7 PM
8 PM
9 PM
10 PM
11 PM

PRIORITIES

>
>
>

TO DO LIST

-
-
-
-
-
-

NOTES

MOOD

WATER

REMINDERS

IDEAS

GRATITUDE

FITNESS/HEALTH

STEPS

MAKE TODAY
Awesome

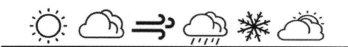

DATE	DAY

SCHEDULE

6 AM	
7 AM	
8 AM	
9 AM	
10 AM	
11 AM	
12 AM	
1 PM	
2 PM	
3 PM	
4 PM	
5 PM	
6 PM	
7 PM	
8 PM	
9 PM	
10 PM	
11 PM	

PRIORITIES

>
>
>

TO DO LIST

- ⬢
- ⬢
- ⬢
- ⬢
- ⬢
- ⬢

NOTES

MOOD

WATER

REMINDERS

IDEAS

GRATITUDE

FITNESS/HEALTH

STEPS

MAKE TODAY
Awesome

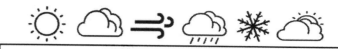

DATE	DAY

SCHEDULE

6 AM	
7 AM	
8 AM	
9 AM	
10 AM	
11 AM	
12 AM	
1 PM	
2 PM	
3 PM	
4 PM	
5 PM	
6 PM	
7 PM	
8 PM	
9 PM	
10 PM	
11 PM	

PRIORITIES

>
>
>

TO DO LIST

- ⬢
- ⬢
- ⬢
- ⬢
- ⬢
- ⬢

NOTES

MOOD

WATER

REMINDERS

IDEAS

GRATITUDE

FITNESS/HEALTH

STEPS

MAKE TODAY
Awesome

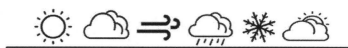

DATE	DAY

SCHEDULE

6 AM	
7 AM	
8 AM	
9 AM	
10 AM	
11 AM	
12 AM	
1 PM	
2 PM	
3 PM	
4 PM	
5 PM	
6 PM	
7 PM	
8 PM	
9 PM	
10 PM	
11 PM	

PRIORITIES

>
>
>

TO DO LIST

-
-
-
-
-
-

NOTES

MOOD

WATER

REMINDERS

IDEAS

GRATITUDE

FITNESS/HEALTH

STEPS

MAKE TODAY Awesome

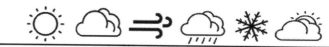

DATE	DAY

SCHEDULE

6 AM	
7 AM	
8 AM	
9 AM	
10 AM	
11 AM	
12 AM	
1 PM	
2 PM	
3 PM	
4 PM	
5 PM	
6 PM	
7 PM	
8 PM	
9 PM	
10 PM	
11 PM	

PRIORITIES

>
>
>

TO DO LIST

NOTES

MOOD

WATER

REMINDERS

IDEAS

GRATITUDE

FITNESS/HEALTH

STEPS

MAKE TODAY
Awesome

DATE	DAY

SCHEDULE

6 AM	
7 AM	
8 AM	
9 AM	
10 AM	
11 AM	
12 AM	
1 PM	
2 PM	
3 PM	
4 PM	
5 PM	
6 PM	
7 PM	
8 PM	
9 PM	
10 PM	
11 PM	

PRIORITIES

›
›
›

TO DO LIST

⬢
⬢
⬢
⬢
⬢
⬢

NOTES

MOOD

WATER

REMINDERS

IDEAS

GRATITUDE

FITNESS/HEALTH

STEPS

MAKE TODAY
Awesome

DATE		DAY

SCHEDULE
6 AM
7 AM
8 AM
9 AM
10 AM
11 AM
12 AM
1 PM
2 PM
3 PM
4 PM
5 PM
6 PM
7 PM
8 PM
9 PM
10 PM
11 PM

PRIORITIES

>
>
>

TO DO LIST

-
-
-
-
-
-

NOTES

MOOD

WATER

REMINDERS

IDEAS

GRATITUDE

FITNESS/HEALTH

STEPS

MAKE TODAY
Awesome

DATE		DAY

SCHEDULE

6 AM
7 AM
8 AM
9 AM
10 AM
11 AM
12 AM
1 PM
2 PM
3 PM
4 PM
5 PM
6 PM
7 PM
8 PM
9 PM
10 PM
11 PM

PRIORITIES

TO DO LIST

NOTES

MOOD

WATER

REMINDERS

IDEAS

GRATITUDE

FITNESS/HEALTH

STEPS

MAKE TODAY
Awesome

DATE	DAY

SCHEDULE

6 AM	
7 AM	
8 AM	
9 AM	
10 AM	
11 AM	
12 AM	
1 PM	
2 PM	
3 PM	
4 PM	
5 PM	
6 PM	
7 PM	
8 PM	
9 PM	
10 PM	
11 PM	

PRIORITIES

>
>
>

TO DO LIST

-
-
-
-
-
-

NOTES

MOOD

WATER

REMINDERS

IDEAS

GRATITUDE

FITNESS/HEALTH

STEPS

MAKE TODAY
Awesome

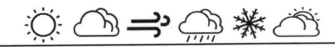

DATE	DAY

SCHEDULE

6 AM	
7 AM	
8 AM	
9 AM	
10 AM	
11 AM	
12 AM	
1 PM	
2 PM	
3 PM	
4 PM	
5 PM	
6 PM	
7 PM	
8 PM	
9 PM	
10 PM	
11 PM	

PRIORITIES

>
>
>

TO DO LIST

-
-
-
-
-
-

NOTES

MOOD

WATER

REMINDERS

IDEAS

GRATITUDE

FITNESS/HEALTH

STEPS

MAKE TODAY Awesome

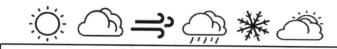

DATE		DAY	

SCHEDULE

6 AM	
7 AM	
8 AM	
9 AM	
10 AM	
11 AM	
12 AM	
1 PM	
2 PM	
3 PM	
4 PM	
5 PM	
6 PM	
7 PM	
8 PM	
9 PM	
10 PM	
11 PM	

PRIORITIES

>
>
>

TO DO LIST

- ⬢
- ⬢
- ⬢
- ⬢
- ⬢
- ⬢

NOTES

MOOD

WATER

REMINDERS

IDEAS

GRATITUDE

FITNESS/HEALTH

STEPS

MAKE TODAY
Awesome

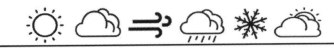

DATE	DAY

SCHEDULE

6 AM	
7 AM	
8 AM	
9 AM	
10 AM	
11 AM	
12 AM	
1 PM	
2 PM	
3 PM	
4 PM	
5 PM	
6 PM	
7 PM	
8 PM	
9 PM	
10 PM	
11 PM	

PRIORITIES

>
>
>

TO DO LIST

⬡
⬡
⬡
⬡
⬡
⬡

NOTES

MOOD

WATER

REMINDERS

IDEAS

GRATITUDE

FITNESS/HEALTH

STEPS

MAKE TODAY
Awesome

DATE	DAY

SCHEDULE

6 AM	
7 AM	
8 AM	
9 AM	
10 AM	
11 AM	
12 AM	
1 PM	
2 PM	
3 PM	
4 PM	
5 PM	
6 PM	
7 PM	
8 PM	
9 PM	
10 PM	
11 PM	

PRIORITIES

>
>
>

TO DO LIST

⬡
⬡
⬡
⬡
⬡
⬡

NOTES

MOOD

WATER

REMINDERS

IDEAS

GRATITUDE

FITNESS/HEALTH

STEPS

MAKE TODAY
Awesome

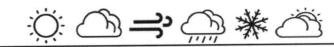

DATE   DAY

SCHEDULE
6 AM
7 AM
8 AM
9 AM
10 AM
11 AM
12 AM
1 PM
2 PM
3 PM
4 PM
5 PM
6 PM
7 PM
8 PM
9 PM
10 PM
11 PM

PRIORITIES

TO DO LIST

NOTES

MOOD

WATER

REMINDERS

IDEAS

GRATITUDE

FITNESS/HEALTH

STEPS

MAKE TODAY
Awesome

DATE	DAY

SCHEDULE

6 AM	
7 AM	
8 AM	
9 AM	
10 AM	
11 AM	
12 AM	
1 PM	
2 PM	
3 PM	
4 PM	
5 PM	
6 PM	
7 PM	
8 PM	
9 PM	
10 PM	
11 PM	

PRIORITIES

>
>
>

TO DO LIST

- ⬢
- ⬢
- ⬢
- ⬢
- ⬢
- ⬢

NOTES

MOOD

WATER

REMINDERS

IDEAS

GRATITUDE

FITNESS/HEALTH

STEPS

MAKE TODAY
Awesome

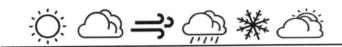

DATE		DAY

SCHEDULE

6 AM	
7 AM	
8 AM	
9 AM	
10 AM	
11 AM	
12 AM	
1 PM	
2 PM	
3 PM	
4 PM	
5 PM	
6 PM	
7 PM	
8 PM	
9 PM	
10 PM	
11 PM	

PRIORITIES

➤
➤
➤

TO DO LIST

⬢
⬢
⬢
⬢
⬢
⬢

NOTES

MOOD

WATER

REMINDERS

IDEAS

GRATITUDE

FITNESS/HEALTH

STEPS

MAKE TODAY
Awesome

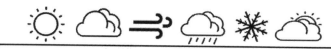

DATE	DAY

SCHEDULE

6 AM
7 AM
8 AM
9 AM
10 AM
11 AM
12 AM
1 PM
2 PM
3 PM
4 PM
5 PM
6 PM
7 PM
8 PM
9 PM
10 PM
11 PM

PRIORITIES

>
>
>

TO DO LIST

NOTES

MOOD

WATER

REMINDERS

IDEAS

GRATITUDE

FITNESS/HEALTH

STEPS

MAKE TODAY
Awesome

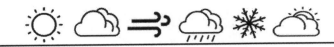

DATE	DAY

SCHEDULE

6 AM	
7 AM	
8 AM	
9 AM	
10 AM	
11 AM	
12 AM	
1 PM	
2 PM	
3 PM	
4 PM	
5 PM	
6 PM	
7 PM	
8 PM	
9 PM	
10 PM	
11 PM	

PRIORITIES

TO DO LIST

NOTES

MOOD

WATER

REMINDERS

IDEAS

GRATITUDE

FITNESS/HEALTH

STEPS

MAKE TODAY
Awesome

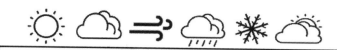

DATE	DAY

SCHEDULE

6 AM	
7 AM	
8 AM	
9 AM	
10 AM	
11 AM	
12 AM	
1 PM	
2 PM	
3 PM	
4 PM	
5 PM	
6 PM	
7 PM	
8 PM	
9 PM	
10 PM	
11 PM	

PRIORITIES

>
>
>

TO DO LIST

-
-
-
-
-
-

NOTES

MOOD

WATER

REMINDERS

IDEAS

GRATITUDE

FITNESS/HEALTH

STEPS

MAKE TODAY
Awesome

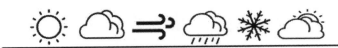

DATE		DAY

SCHEDULE

6 AM	
7 AM	
8 AM	
9 AM	
10 AM	
11 AM	
12 AM	
1 PM	
2 PM	
3 PM	
4 PM	
5 PM	
6 PM	
7 PM	
8 PM	
9 PM	
10 PM	
11 PM	

PRIORITIES

>
>
>

TO DO LIST

NOTES

MOOD

WATER

REMINDERS

IDEAS

GRATITUDE

FITNESS/HEALTH

STEPS

MAKE TODAY
Awesome

DATE	DAY

SCHEDULE

6 AM
7 AM
8 AM
9 AM
10 AM
11 AM
12 AM
1 PM
2 PM
3 PM
4 PM
5 PM
6 PM
7 PM
8 PM
9 PM
10 PM
11 PM

PRIORITIES

>
>
>

TO DO LIST

NOTES

MOOD

WATER

REMINDERS

IDEAS

GRATITUDE

FITNESS/HEALTH

STEPS

MAKE TODAY
Awesome

DATE		DAY	

SCHEDULE

6 AM	
7 AM	
8 AM	
9 AM	
10 AM	
11 AM	
12 AM	
1 PM	
2 PM	
3 PM	
4 PM	
5 PM	
6 PM	
7 PM	
8 PM	
9 PM	
10 PM	
11 PM	

PRIORITIES

❯
❯
❯

TO DO LIST

⬢
⬢
⬢
⬢
⬢
⬢

NOTES

MOOD

WATER

REMINDERS

IDEAS

GRATITUDE

FITNESS/HEALTH

STEPS

MAKE TODAY
Awesome

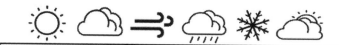

DATE	DAY

SCHEDULE
6 AM
7 AM
8 AM
9 AM
10 AM
11 AM
12 AM
1 PM
2 PM
3 PM
4 PM
5 PM
6 PM
7 PM
8 PM
9 PM
10 PM
11 PM

PRIORITIES

>
>
>

TO DO LIST

●
●
●
●
●
●

NOTES

MOOD

WATER

REMINDERS

IDEAS

GRATITUDE

FITNESS/HEALTH

STEPS

MAKE TODAY
Awesome

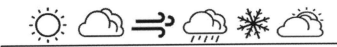

DATE	DAY

SCHEDULE

6 AM	
7 AM	
8 AM	
9 AM	
10 AM	
11 AM	
12 AM	
1 PM	
2 PM	
3 PM	
4 PM	
5 PM	
6 PM	
7 PM	
8 PM	
9 PM	
10 PM	
11 PM	

PRIORITIES

>
>
>

TO DO LIST

-
-
-
-
-
-

NOTES

MOOD

WATER

REMINDERS

IDEAS

GRATITUDE

FITNESS/HEALTH

STEPS

MAKE TODAY
Awesome

DATE	DAY

SCHEDULE

6 AM	
7 AM	
8 AM	
9 AM	
10 AM	
11 AM	
12 AM	
1 PM	
2 PM	
3 PM	
4 PM	
5 PM	
6 PM	
7 PM	
8 PM	
9 PM	
10 PM	
11 PM	

PRIORITIES

>
>
>

TO DO LIST

-
-
-
-
-
-

NOTES

MOOD

WATER

REMINDERS

IDEAS

GRATITUDE

FITNESS/HEALTH

STEPS

MAKE TODAY
Awesome

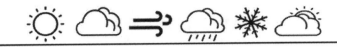

DATE	DAY

SCHEDULE

6 AM	
7 AM	
8 AM	
9 AM	
10 AM	
11 AM	
12 AM	
1 PM	
2 PM	
3 PM	
4 PM	
5 PM	
6 PM	
7 PM	
8 PM	
9 PM	
10 PM	
11 PM	

PRIORITIES

>
>
>

TO DO LIST

- ⬡
- ⬡
- ⬡
- ⬡
- ⬡
- ⬡

NOTES

MOOD

WATER

REMINDERS

IDEAS

GRATITUDE

FITNESS/HEALTH

STEPS

MAKE TODAY
Awesome

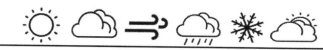

DATE	DAY

SCHEDULE

6 AM	
7 AM	
8 AM	
9 AM	
10 AM	
11 AM	
12 AM	
1 PM	
2 PM	
3 PM	
4 PM	
5 PM	
6 PM	
7 PM	
8 PM	
9 PM	
10 PM	
11 PM	

PRIORITIES

>
>
>

TO DO LIST

⬡
⬡
⬡
⬡
⬡
⬡

NOTES

MOOD

WATER

REMINDERS

IDEAS

GRATITUDE

FITNESS/HEALTH

STEPS

MAKE TODAY
Awesome

DATE	DAY

SCHEDULE

6 AM	
7 AM	
8 AM	
9 AM	
10 AM	
11 AM	
12 AM	
1 PM	
2 PM	
3 PM	
4 PM	
5 PM	
6 PM	
7 PM	
8 PM	
9 PM	
10 PM	
11 PM	

PRIORITIES

- ❯
- ❯
- ❯

TO DO LIST

- ⬡
- ⬡
- ⬡
- ⬡
- ⬡
- ⬡

NOTES

MOOD

WATER

REMINDERS

IDEAS

GRATITUDE

FITNESS/HEALTH

STEPS

MAKE TODAY
Awesome

DATE	DAY

SCHEDULE

6 AM	
7 AM	
8 AM	
9 AM	
10 AM	
11 AM	
12 AM	
1 PM	
2 PM	
3 PM	
4 PM	
5 PM	
6 PM	
7 PM	
8 PM	
9 PM	
10 PM	
11 PM	

PRIORITIES

>
>
>

TO DO LIST

- ⬢
- ⬢
- ⬢
- ⬢
- ⬢
- ⬢

NOTES

MOOD

WATER

REMINDERS

IDEAS

GRATITUDE

FITNESS/HEALTH

STEPS

MAKE TODAY
Awesome

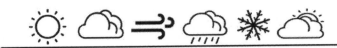

DATE	DAY

SCHEDULE

6 AM	
7 AM	
8 AM	
9 AM	
10 AM	
11 AM	
12 AM	
1 PM	
2 PM	
3 PM	
4 PM	
5 PM	
6 PM	
7 PM	
8 PM	
9 PM	
10 PM	
11 PM	

PRIORITIES

>
>
>

TO DO LIST

NOTES

MOOD

WATER

REMINDERS

IDEAS

GRATITUDE

FITNESS/HEALTH

STEPS

MAKE TODAY
Awesome

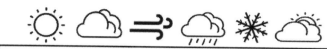

DATE		DAY

SCHEDULE

6 AM	
7 AM	
8 AM	
9 AM	
10 AM	
11 AM	
12 AM	
1 PM	
2 PM	
3 PM	
4 PM	
5 PM	
6 PM	
7 PM	
8 PM	
9 PM	
10 PM	
11 PM	

PRIORITIES

TO DO LIST

NOTES

MOOD

WATER

REMINDERS

IDEAS

GRATITUDE

FITNESS/HEALTH

STEPS

MAKE TODAY
Awesome

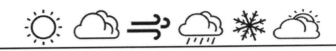

DATE **DAY**

SCHEDULE

6 AM	
7 AM	
8 AM	
9 AM	
10 AM	
11 AM	
12 AM	
1 PM	
2 PM	
3 PM	
4 PM	
5 PM	
6 PM	
7 PM	
8 PM	
9 PM	
10 PM	
11 PM	

PRIORITIES

›
›
›

TO DO LIST

⬢
⬢
⬢
⬢
⬢
⬢

NOTES

MOOD

WATER

REMINDERS

IDEAS

GRATITUDE

FITNESS/HEALTH

STEPS

MAKE TODAY
Awesome

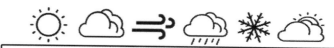

DATE		DAY	

SCHEDULE

6 AM	
7 AM	
8 AM	
9 AM	
10 AM	
11 AM	
12 AM	
1 PM	
2 PM	
3 PM	
4 PM	
5 PM	
6 PM	
7 PM	
8 PM	
9 PM	
10 PM	
11 PM	

PRIORITIES

>
>
>

TO DO LIST

⬢
⬢
⬢
⬢
⬢
⬢

NOTES

MOOD

WATER

REMINDERS

IDEAS

GRATITUDE

FITNESS/HEALTH

STEPS

MAKE TODAY
Awesome

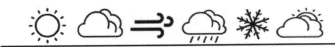

DATE		DAY

SCHEDULE

6 AM	
7 AM	
8 AM	
9 AM	
10 AM	
11 AM	
12 AM	
1 PM	
2 PM	
3 PM	
4 PM	
5 PM	
6 PM	
7 PM	
8 PM	
9 PM	
10 PM	
11 PM	

PRIORITIES

>
>
>

TO DO LIST

NOTES

MOOD

WATER

REMINDERS

IDEAS

GRATITUDE

FITNESS/HEALTH

STEPS

MAKE TODAY
Awesome

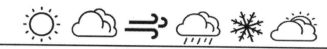

DATE	DAY

SCHEDULE

6 AM	
7 AM	
8 AM	
9 AM	
10 AM	
11 AM	
12 AM	
1 PM	
2 PM	
3 PM	
4 PM	
5 PM	
6 PM	
7 PM	
8 PM	
9 PM	
10 PM	
11 PM	

PRIORITIES

>
>
>

TO DO LIST

-
-
-
-
-
-

NOTES

MOOD

WATER

REMINDERS

IDEAS

GRATITUDE

FITNESS/HEALTH

STEPS

MAKE TODAY
Awesome

DATE		DAY

SCHEDULE

6 AM
7 AM
8 AM
9 AM
10 AM
11 AM
12 AM
1 PM
2 PM
3 PM
4 PM
5 PM
6 PM
7 PM
8 PM
9 PM
10 PM
11 PM

PRIORITIES

❯
❯
❯

TO DO LIST

⬡
⬡
⬡
⬡
⬡
⬡

NOTES

MOOD

WATER

REMINDERS

IDEAS

GRATITUDE

FITNESS/HEALTH

STEPS

MAKE TODAY
Awesome

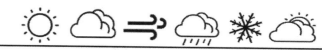

DATE	DAY

SCHEDULE

6 AM	
7 AM	
8 AM	
9 AM	
10 AM	
11 AM	
12 AM	
1 PM	
2 PM	
3 PM	
4 PM	
5 PM	
6 PM	
7 PM	
8 PM	
9 PM	
10 PM	
11 PM	

PRIORITIES

>
>
>

TO DO LIST

-
-
-
-
-
-

NOTES

MOOD

WATER

REMINDERS

IDEAS

GRATITUDE

FITNESS/HEALTH

STEPS

MAKE TODAY
Awesome

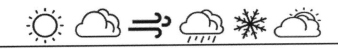

DATE		DAY

SCHEDULE

6 AM	
7 AM	
8 AM	
9 AM	
10 AM	
11 AM	
12 AM	
1 PM	
2 PM	
3 PM	
4 PM	
5 PM	
6 PM	
7 PM	
8 PM	
9 PM	
10 PM	
11 PM	

PRIORITIES

>
>
>

TO DO LIST

⬡
⬡
⬡
⬡
⬡
⬡

NOTES

MOOD

WATER

REMINDERS

IDEAS

GRATITUDE

FITNESS/HEALTH

STEPS

MAKE TODAY
Awesome

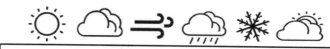

DATE	DAY

SCHEDULE

6 AM	
7 AM	
8 AM	
9 AM	
10 AM	
11 AM	
12 AM	
1 PM	
2 PM	
3 PM	
4 PM	
5 PM	
6 PM	
7 PM	
8 PM	
9 PM	
10 PM	
11 PM	

PRIORITIES

>
>
>

TO DO LIST

-
-
-
-
-
-

NOTES

MOOD

WATER

REMINDERS

IDEAS

GRATITUDE

FITNESS/HEALTH

STEPS

MAKE TODAY
Awesome

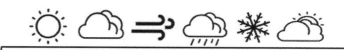

DATE	DAY

SCHEDULE

6 AM	
7 AM	
8 AM	
9 AM	
10 AM	
11 AM	
12 AM	
1 PM	
2 PM	
3 PM	
4 PM	
5 PM	
6 PM	
7 PM	
8 PM	
9 PM	
10 PM	
11 PM	

PRIORITIES

- ❯
- ❯
- ❯

TO DO LIST

- ⬢
- ⬢
- ⬢
- ⬢
- ⬢
- ⬢

NOTES

MOOD

WATER

REMINDERS

IDEAS

GRATITUDE

FITNESS/HEALTH

STEPS

MAKE TODAY
Awesome

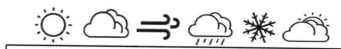

DATE	DAY

SCHEDULE

6 AM	
7 AM	
8 AM	
9 AM	
10 AM	
11 AM	
12 AM	
1 PM	
2 PM	
3 PM	
4 PM	
5 PM	
6 PM	
7 PM	
8 PM	
9 PM	
10 PM	
11 PM	

PRIORITIES

>
>
>

TO DO LIST

NOTES

MOOD

WATER

REMINDERS

IDEAS

GRATITUDE

FITNESS/HEALTH

STEPS

MAKE TODAY
Awesome

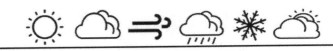

DATE	DAY

SCHEDULE

6 AM	
7 AM	
8 AM	
9 AM	
10 AM	
11 AM	
12 AM	
1 PM	
2 PM	
3 PM	
4 PM	
5 PM	
6 PM	
7 PM	
8 PM	
9 PM	
10 PM	
11 PM	

PRIORITIES

>
>
>

TO DO LIST

●
●
●
●
●
●

NOTES

MOOD

WATER

REMINDERS

IDEAS

GRATITUDE

FITNESS/HEALTH

STEPS

MAKE TODAY
Awesome

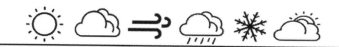

DATE		DAY

SCHEDULE

6 AM	
7 AM	
8 AM	
9 AM	
10 AM	
11 AM	
12 AM	
1 PM	
2 PM	
3 PM	
4 PM	
5 PM	
6 PM	
7 PM	
8 PM	
9 PM	
10 PM	
11 PM	

PRIORITIES

>
>
>

TO DO LIST

- ⬡
- ⬡
- ⬡
- ⬡
- ⬡
- ⬡

NOTES

MOOD

WATER

REMINDERS

IDEAS

GRATITUDE

FITNESS/HEALTH

STEPS

MAKE TODAY
Awesome

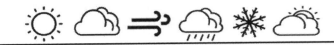

DATE	DAY

SCHEDULE

6 AM	
7 AM	
8 AM	
9 AM	
10 AM	
11 AM	
12 AM	
1 PM	
2 PM	
3 PM	
4 PM	
5 PM	
6 PM	
7 PM	
8 PM	
9 PM	
10 PM	
11 PM	

PRIORITIES

>
>
>

TO DO LIST

NOTES

MOOD

WATER

REMINDERS

IDEAS

GRATITUDE

FITNESS/HEALTH

STEPS

MAKE TODAY
Awesome

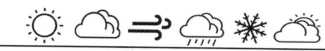

DATE	DAY

SCHEDULE

6 AM
7 AM
8 AM
9 AM
10 AM
11 AM
12 AM
1 PM
2 PM
3 PM
4 PM
5 PM
6 PM
7 PM
8 PM
9 PM
10 PM
11 PM

PRIORITIES

❯
❯
❯

TO DO LIST

⬡
⬡
⬡
⬡
⬡
⬡

NOTES

MOOD

WATER

REMINDERS

IDEAS

GRATITUDE

FITNESS/HEALTH

STEPS

MAKE TODAY
Awesome

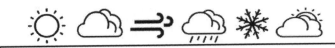

DATE   **DAY**

SCHEDULE

6 AM	
7 AM	
8 AM	
9 AM	
10 AM	
11 AM	
12 AM	
1 PM	
2 PM	
3 PM	
4 PM	
5 PM	
6 PM	
7 PM	
8 PM	
9 PM	
10 PM	
11 PM	

PRIORITIES

›
›
›

TO DO LIST

⬡
⬡
⬡
⬡
⬡
⬡

NOTES

MOOD

WATER

REMINDERS

IDEAS

GRATITUDE

FITNESS/HEALTH

STEPS

MAKE TODAY Awesome

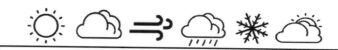

DATE	DAY

SCHEDULE

6 AM	
7 AM	
8 AM	
9 AM	
10 AM	
11 AM	
12 AM	
1 PM	
2 PM	
3 PM	
4 PM	
5 PM	
6 PM	
7 PM	
8 PM	
9 PM	
10 PM	
11 PM	

PRIORITIES

>
>
>

TO DO LIST

NOTES

MOOD

WATER

REMINDERS

IDEAS

GRATITUDE

FITNESS/HEALTH

STEPS

MAKE TODAY
Awesome

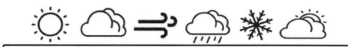

DATE	DAY

SCHEDULE

6 AM	
7 AM	
8 AM	
9 AM	
10 AM	
11 AM	
12 AM	
1 PM	
2 PM	
3 PM	
4 PM	
5 PM	
6 PM	
7 PM	
8 PM	
9 PM	
10 PM	
11 PM	

PRIORITIES

TO DO LIST

NOTES

MOOD

WATER

REMINDERS

IDEAS

GRATITUDE

FITNESS/HEALTH

STEPS

MAKE TODAY
Awesome

DATE	DAY

SCHEDULE

6 AM	
7 AM	
8 AM	
9 AM	
10 AM	
11 AM	
12 AM	
1 PM	
2 PM	
3 PM	
4 PM	
5 PM	
6 PM	
7 PM	
8 PM	
9 PM	
10 PM	
11 PM	

PRIORITIES

>
>
>

TO DO LIST

-
-
-
-
-
-

NOTES

MOOD

WATER

REMINDERS

IDEAS

GRATITUDE

FITNESS/HEALTH

STEPS

MAKE TODAY Awesome

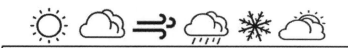

DATE	DAY

SCHEDULE

6 AM	
7 AM	
8 AM	
9 AM	
10 AM	
11 AM	
12 AM	
1 PM	
2 PM	
3 PM	
4 PM	
5 PM	
6 PM	
7 PM	
8 PM	
9 PM	
10 PM	
11 PM	

PRIORITIES

TO DO LIST

NOTES

MOOD

WATER

REMINDERS

IDEAS

GRATITUDE

FITNESS/HEALTH

STEPS

MAKE TODAY
Awesome

DATE	DAY

SCHEDULE

6 AM	
7 AM	
8 AM	
9 AM	
10 AM	
11 AM	
12 AM	
1 PM	
2 PM	
3 PM	
4 PM	
5 PM	
6 PM	
7 PM	
8 PM	
9 PM	
10 PM	
11 PM	

PRIORITIES

TO DO LIST

NOTES

MOOD

WATER

REMINDERS

IDEAS

GRATITUDE

FITNESS/HEALTH

STEPS

MAKE TODAY
Awesome

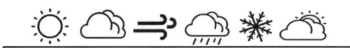

DATE	DAY

SCHEDULE
6 AM
7 AM
8 AM
9 AM
10 AM
11 AM
12 AM
1 PM
2 PM
3 PM
4 PM
5 PM
6 PM
7 PM
8 PM
9 PM
10 PM
11 PM

PRIORITIES

❯
❯
❯

TO DO LIST

⬡
⬡
⬡
⬡
⬡
⬡

NOTES

MOOD

WATER

REMINDERS

IDEAS

GRATITUDE

FITNESS/HEALTH

STEPS

MAKE TODAY
Awesome

DATE	DAY

SCHEDULE

6 AM	
7 AM	
8 AM	
9 AM	
10 AM	
11 AM	
12 AM	
1 PM	
2 PM	
3 PM	
4 PM	
5 PM	
6 PM	
7 PM	
8 PM	
9 PM	
10 PM	
11 PM	

PRIORITIES

>
>
>

TO DO LIST

-
-
-
-
-
-

NOTES

MOOD

WATER

REMINDERS

IDEAS

GRATITUDE

FITNESS/HEALTH

STEPS

MAKE TODAY
Awesome

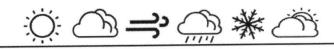

DATE	DAY

SCHEDULE

6 AM	
7 AM	
8 AM	
9 AM	
10 AM	
11 AM	
12 AM	
1 PM	
2 PM	
3 PM	
4 PM	
5 PM	
6 PM	
7 PM	
8 PM	
9 PM	
10 PM	
11 PM	

PRIORITIES

>
>
>

TO DO LIST

- ⬣
- ⬣
- ⬣
- ⬣
- ⬣
- ⬣

NOTES

MOOD

WATER

REMINDERS

IDEAS

GRATITUDE

FITNESS/HEALTH

STEPS

MAKE TODAY
Awesome

DATE		DAY

SCHEDULE

6 AM	
7 AM	
8 AM	
9 AM	
10 AM	
11 AM	
12 AM	
1 PM	
2 PM	
3 PM	
4 PM	
5 PM	
6 PM	
7 PM	
8 PM	
9 PM	
10 PM	
11 PM	

PRIORITIES

>
>
>

TO DO LIST

NOTES

MOOD

WATER

REMINDERS

IDEAS

GRATITUDE

FITNESS/HEALTH

STEPS

MAKE TODAY
Awesome

DATE	DAY

SCHEDULE

6 AM	
7 AM	
8 AM	
9 AM	
10 AM	
11 AM	
12 AM	
1 PM	
2 PM	
3 PM	
4 PM	
5 PM	
6 PM	
7 PM	
8 PM	
9 PM	
10 PM	
11 PM	

PRIORITIES

>
>
>

TO DO LIST

⬢
⬢
⬢
⬢
⬢
⬢

NOTES

MOOD

WATER

REMINDERS

IDEAS

GRATITUDE

FITNESS/HEALTH

STEPS

MAKE TODAY
Awesome

DATE	DAY

SCHEDULE

6 AM	
7 AM	
8 AM	
9 AM	
10 AM	
11 AM	
12 AM	
1 PM	
2 PM	
3 PM	
4 PM	
5 PM	
6 PM	
7 PM	
8 PM	
9 PM	
10 PM	
11 PM	

PRIORITIES

>
>
>

TO DO LIST

-
-
-
-
-
-

NOTES

MOOD

WATER

REMINDERS

IDEAS

GRATITUDE

FITNESS/HEALTH

STEPS

MAKE TODAY
Awesome

DATE   DAY

SCHEDULE
6 AM
7 AM
8 AM
9 AM
10 AM
11 AM
12 AM
1 PM
2 PM
3 PM
4 PM
5 PM
6 PM
7 PM
8 PM
9 PM
10 PM
11 PM

PRIORITIES

TO DO LIST

NOTES

MOOD

WATER

REMINDERS

IDEAS

GRATITUDE

FITNESS/HEALTH

STEPS

MAKE TODAY
Awesome

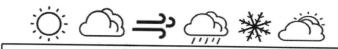

DATE		DAY	

SCHEDULE

6 AM	
7 AM	
8 AM	
9 AM	
10 AM	
11 AM	
12 AM	
1 PM	
2 PM	
3 PM	
4 PM	
5 PM	
6 PM	
7 PM	
8 PM	
9 PM	
10 PM	
11 PM	

PRIORITIES

>
>
>

TO DO LIST

- ⬢
- ⬢
- ⬢
- ⬢
- ⬢
- ⬢

NOTES

MOOD

WATER

REMINDERS

IDEAS

GRATITUDE

FITNESS/HEALTH

STEPS

MAKE TODAY
Awesome

DATE	DAY

SCHEDULE

6 AM	
7 AM	
8 AM	
9 AM	
10 AM	
11 AM	
12 AM	
1 PM	
2 PM	
3 PM	
4 PM	
5 PM	
6 PM	
7 PM	
8 PM	
9 PM	
10 PM	
11 PM	

PRIORITIES

>
>
>

TO DO LIST

⬡
⬡
⬡
⬡
⬡
⬡

NOTES

MOOD

WATER

REMINDERS

IDEAS

GRATITUDE

FITNESS/HEALTH

STEPS

MAKE TODAY
Awesome

DATE	DAY

SCHEDULE

6 AM	
7 AM	
8 AM	
9 AM	
10 AM	
11 AM	
12 AM	
1 PM	
2 PM	
3 PM	
4 PM	
5 PM	
6 PM	
7 PM	
8 PM	
9 PM	
10 PM	
11 PM	

PRIORITIES

>
>
>

TO DO LIST

-
-
-
-
-
-

NOTES

MOOD

WATER

REMINDERS

IDEAS

GRATITUDE

FITNESS/HEALTH

STEPS

MAKE TODAY
Awesome

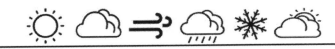

DATE   **DAY**

SCHEDULE
6 AM
7 AM
8 AM
9 AM
10 AM
11 AM
12 AM
1 PM
2 PM
3 PM
4 PM
5 PM
6 PM
7 PM
8 PM
9 PM
10 PM
11 PM

PRIORITIES

>
>
>

TO DO LIST

NOTES

MOOD

WATER

REMINDERS

IDEAS

GRATITUDE

FITNESS/HEALTH

STEPS

MAKE TODAY
Awesome

DATE	DAY

SCHEDULE

6 AM	
7 AM	
8 AM	
9 AM	
10 AM	
11 AM	
12 AM	
1 PM	
2 PM	
3 PM	
4 PM	
5 PM	
6 PM	
7 PM	
8 PM	
9 PM	
10 PM	
11 PM	

PRIORITIES

>
>
>

TO DO LIST

⬡
⬡
⬡
⬡
⬡
⬡

NOTES

MOOD

WATER

REMINDERS

IDEAS

GRATITUDE

FITNESS/HEALTH

STEPS

MAKE TODAY
Awesome

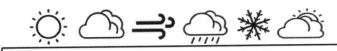

DATE	DAY

SCHEDULE

6 AM	
7 AM	
8 AM	
9 AM	
10 AM	
11 AM	
12 AM	
1 PM	
2 PM	
3 PM	
4 PM	
5 PM	
6 PM	
7 PM	
8 PM	
9 PM	
10 PM	
11 PM	

PRIORITIES

>
>
>

TO DO LIST

- ⬢
- ⬢
- ⬢
- ⬢
- ⬢
- ⬢

NOTES

MOOD

WATER

REMINDERS

IDEAS

GRATITUDE

FITNESS/HEALTH

STEPS

MAKE TODAY
Awesome

DATE	DAY

SCHEDULE

6 AM	
7 AM	
8 AM	
9 AM	
10 AM	
11 AM	
12 AM	
1 PM	
2 PM	
3 PM	
4 PM	
5 PM	
6 PM	
7 PM	
8 PM	
9 PM	
10 PM	
11 PM	

PRIORITIES

>
>
>

TO DO LIST

NOTES

MOOD

WATER

REMINDERS

IDEAS

GRATITUDE

FITNESS/HEALTH

STEPS

MAKE TODAY
Awesome

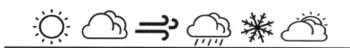

DATE	DAY

SCHEDULE

6 AM	
7 AM	
8 AM	
9 AM	
10 AM	
11 AM	
12 AM	
1 PM	
2 PM	
3 PM	
4 PM	
5 PM	
6 PM	
7 PM	
8 PM	
9 PM	
10 PM	
11 PM	

PRIORITIES

›
›
›

TO DO LIST

⬡
⬡
⬡
⬡
⬡
⬡

NOTES

MOOD

WATER

REMINDERS

IDEAS

GRATITUDE

FITNESS/HEALTH

STEPS

MAKE TODAY Awesome

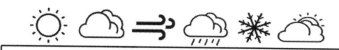

DATE	DAY

SCHEDULE

6 AM	
7 AM	
8 AM	
9 AM	
10 AM	
11 AM	
12 AM	
1 PM	
2 PM	
3 PM	
4 PM	
5 PM	
6 PM	
7 PM	
8 PM	
9 PM	
10 PM	
11 PM	

PRIORITIES

>
>
>

TO DO LIST

NOTES

MOOD

WATER

REMINDERS

IDEAS

GRATITUDE

FITNESS/HEALTH

STEPS

MAKE TODAY
Awesome

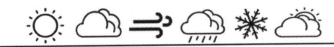

DATE		DAY

SCHEDULE

6 AM	
7 AM	
8 AM	
9 AM	
10 AM	
11 AM	
12 AM	
1 PM	
2 PM	
3 PM	
4 PM	
5 PM	
6 PM	
7 PM	
8 PM	
9 PM	
10 PM	
11 PM	

PRIORITIES

>
>
>

TO DO LIST

-
-
-
-
-
-

NOTES

MOOD

WATER

REMINDERS

IDEAS

GRATITUDE

FITNESS/HEALTH

STEPS

MAKE TODAY Awesome

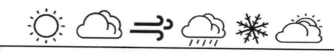

DATE	DAY

SCHEDULE

6 AM
7 AM
8 AM
9 AM
10 AM
11 AM
12 AM
1 PM
2 PM
3 PM
4 PM
5 PM
6 PM
7 PM
8 PM
9 PM
10 PM
11 PM

PRIORITIES

>
>
>

TO DO LIST

-
-
-
-
-
-

NOTES

MOOD

WATER

REMINDERS

IDEAS

GRATITUDE

FITNESS/HEALTH

STEPS

MAKE TODAY
Awesome

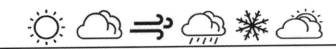

DATE   **DAY**

SCHEDULE
6 AM
7 AM
8 AM
9 AM
10 AM
11 AM
12 AM
1 PM
2 PM
3 PM
4 PM
5 PM
6 PM
7 PM
8 PM
9 PM
10 PM
11 PM

PRIORITIES

❯
❯
❯

TO DO LIST

⬡
⬡
⬡
⬡
⬡
⬡

NOTES

MOOD

WATER

REMINDERS

IDEAS

GRATITUDE

FITNESS/HEALTH

STEPS

MAKE TODAY Awesome

DATE	DAY

SCHEDULE

6 AM	
7 AM	
8 AM	
9 AM	
10 AM	
11 AM	
12 AM	
1 PM	
2 PM	
3 PM	
4 PM	
5 PM	
6 PM	
7 PM	
8 PM	
9 PM	
10 PM	
11 PM	

PRIORITIES

>
>
>

TO DO LIST

⬢
⬢
⬢
⬢
⬢
⬢

NOTES

MOOD

WATER

REMINDERS

IDEAS

GRATITUDE

FITNESS/HEALTH

STEPS

MAKE TODAY
Awesome

DATE		DAY	

SCHEDULE

6 AM
7 AM
8 AM
9 AM
10 AM
11 AM
12 AM
1 PM
2 PM
3 PM
4 PM
5 PM
6 PM
7 PM
8 PM
9 PM
10 PM
11 PM

PRIORITIES

〉
〉
〉

TO DO LIST

⬡
⬡
⬡
⬡
⬡
⬡

NOTES

MOOD

WATER

REMINDERS

IDEAS

GRATITUDE

FITNESS/HEALTH

STEPS

MAKE TODAY
Awesome

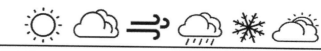

DATE	DAY

SCHEDULE

6 AM	
7 AM	
8 AM	
9 AM	
10 AM	
11 AM	
12 AM	
1 PM	
2 PM	
3 PM	
4 PM	
5 PM	
6 PM	
7 PM	
8 PM	
9 PM	
10 PM	
11 PM	

PRIORITIES

>
>
>

TO DO LIST

⬡
⬡
⬡
⬡
⬡
⬡

NOTES

MOOD

WATER

REMINDERS

IDEAS

GRATITUDE

FITNESS/HEALTH

STEPS

MAKE TODAY Awesome

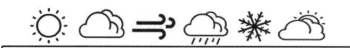

DATE	DAY

SCHEDULE

6 AM	
7 AM	
8 AM	
9 AM	
10 AM	
11 AM	
12 AM	
1 PM	
2 PM	
3 PM	
4 PM	
5 PM	
6 PM	
7 PM	
8 PM	
9 PM	
10 PM	
11 PM	

PRIORITIES

>
>
>

TO DO LIST

-
-
-
-
-
-

NOTES

MOOD

WATER

REMINDERS

IDEAS

GRATITUDE

FITNESS/HEALTH

STEPS

MAKE TODAY
Awesome

DATE	DAY

SCHEDULE

6 AM	
7 AM	
8 AM	
9 AM	
10 AM	
11 AM	
12 AM	
1 PM	
2 PM	
3 PM	
4 PM	
5 PM	
6 PM	
7 PM	
8 PM	
9 PM	
10 PM	
11 PM	

PRIORITIES

>
>
>

TO DO LIST

-
-
-
-
-
-

NOTES

MOOD

WATER

REMINDERS

IDEAS

GRATITUDE

FITNESS/HEALTH

STEPS

MAKE TODAY
Awesome

DATE	DAY

SCHEDULE

6 AM	
7 AM	
8 AM	
9 AM	
10 AM	
11 AM	
12 AM	
1 PM	
2 PM	
3 PM	
4 PM	
5 PM	
6 PM	
7 PM	
8 PM	
9 PM	
10 PM	
11 PM	

PRIORITIES

>
>
>

TO DO LIST

- ⬡
- ⬡
- ⬡
- ⬡
- ⬡
- ⬡

NOTES

MOOD

WATER

REMINDERS

IDEAS

GRATITUDE

FITNESS/HEALTH

STEPS

MAKE TODAY
Awesome

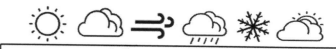

DATE	DAY

SCHEDULE

6 AM	
7 AM	
8 AM	
9 AM	
10 AM	
11 AM	
12 AM	
1 PM	
2 PM	
3 PM	
4 PM	
5 PM	
6 PM	
7 PM	
8 PM	
9 PM	
10 PM	
11 PM	

PRIORITIES

❯
❯
❯

TO DO LIST

⬢
⬢
⬢
⬢
⬢
⬢

NOTES

MOOD

WATER

REMINDERS

IDEAS

GRATITUDE

FITNESS/HEALTH

STEPS

MAKE TODAY
Awesome

DATE	DAY

SCHEDULE

6 AM	
7 AM	
8 AM	
9 AM	
10 AM	
11 AM	
12 AM	
1 PM	
2 PM	
3 PM	
4 PM	
5 PM	
6 PM	
7 PM	
8 PM	
9 PM	
10 PM	
11 PM	

PRIORITIES

>
>
>

TO DO LIST

●
●
●
●
●
●

NOTES

MOOD

WATER

REMINDERS

IDEAS

GRATITUDE

FITNESS/HEALTH

STEPS

MAKE TODAY
Awesome

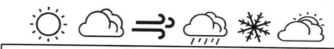

DATE	DAY

SCHEDULE

6 AM	
7 AM	
8 AM	
9 AM	
10 AM	
11 AM	
12 AM	
1 PM	
2 PM	
3 PM	
4 PM	
5 PM	
6 PM	
7 PM	
8 PM	
9 PM	
10 PM	
11 PM	

PRIORITIES

>
>
>

TO DO LIST

NOTES

MOOD

WATER

REMINDERS

IDEAS

GRATITUDE

FITNESS/HEALTH

STEPS

MAKE TODAY
Awesome

DATE	DAY

SCHEDULE

6 AM	
7 AM	
8 AM	
9 AM	
10 AM	
11 AM	
12 AM	
1 PM	
2 PM	
3 PM	
4 PM	
5 PM	
6 PM	
7 PM	
8 PM	
9 PM	
10 PM	
11 PM	

PRIORITIES

>
>
>

TO DO LIST

⬡
⬡
⬡
⬡
⬡
⬡

NOTES

MOOD

WATER

REMINDERS

IDEAS

GRATITUDE

FITNESS/HEALTH

STEPS

MAKE TODAY
Awesome

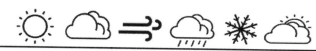

DATE	DAY

SCHEDULE

6 AM	
7 AM	
8 AM	
9 AM	
10 AM	
11 AM	
12 AM	
1 PM	
2 PM	
3 PM	
4 PM	
5 PM	
6 PM	
7 PM	
8 PM	
9 PM	
10 PM	
11 PM	

PRIORITIES

>
>
>

TO DO LIST

-
-
-
-
-
-

NOTES

MOOD

WATER

REMINDERS

IDEAS

GRATITUDE

FITNESS/HEALTH

STEPS

MAKE TODAY
Awesome

DATE	DAY

SCHEDULE

6 AM	
7 AM	
8 AM	
9 AM	
10 AM	
11 AM	
12 AM	
1 PM	
2 PM	
3 PM	
4 PM	
5 PM	
6 PM	
7 PM	
8 PM	
9 PM	
10 PM	
11 PM	

PRIORITIES

>
>
>

TO DO LIST

- ⬢
- ⬢
- ⬢
- ⬢
- ⬢
- ⬢

NOTES

MOOD

WATER

REMINDERS

IDEAS

GRATITUDE

FITNESS/HEALTH

STEPS

MAKE TODAY
Awesome

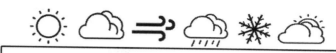

DATE		DAY	

SCHEDULE

6 AM	
7 AM	
8 AM	
9 AM	
10 AM	
11 AM	
12 AM	
1 PM	
2 PM	
3 PM	
4 PM	
5 PM	
6 PM	
7 PM	
8 PM	
9 PM	
10 PM	
11 PM	

PRIORITIES

›
›
›

TO DO LIST

NOTES

MOOD

WATER

REMINDERS

IDEAS

GRATITUDE

FITNESS/HEALTH

STEPS

MAKE TODAY
Awesome

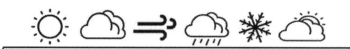

DATE	DAY

SCHEDULE

6 AM	
7 AM	
8 AM	
9 AM	
10 AM	
11 AM	
12 AM	
1 PM	
2 PM	
3 PM	
4 PM	
5 PM	
6 PM	
7 PM	
8 PM	
9 PM	
10 PM	
11 PM	

PRIORITIES

>
>
>

TO DO LIST

⬡
⬡
⬡
⬡
⬡
⬡

NOTES

MOOD

WATER

REMINDERS

IDEAS

GRATITUDE

FITNESS/HEALTH

STEPS

MAKE TODAY
Awesome

DATE	DAY

SCHEDULE

6 AM	
7 AM	
8 AM	
9 AM	
10 AM	
11 AM	
12 AM	
1 PM	
2 PM	
3 PM	
4 PM	
5 PM	
6 PM	
7 PM	
8 PM	
9 PM	
10 PM	
11 PM	

PRIORITIES

›
›
›

TO DO LIST

●
●
●
●
●
●

NOTES

MOOD

WATER

REMINDERS

IDEAS

GRATITUDE

FITNESS/HEALTH

STEPS

MAKE TODAY
Awesome

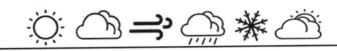

DATE		DAY

SCHEDULE	PRIORITIES

SCHEDULE
6 AM
7 AM
8 AM
9 AM
10 AM
11 AM
12 AM
1 PM
2 PM
3 PM
4 PM
5 PM
6 PM
7 PM
8 PM
9 PM
10 PM
11 PM

PRIORITIES

>
>
>

TO DO LIST

NOTES

MOOD

WATER

REMINDERS

IDEAS

GRATITUDE

FITNESS/HEALTH

STEPS

MAKE TODAY
Awesome

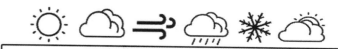

DATE		DAY

SCHEDULE
6 AM
7 AM
8 AM
9 AM
10 AM
11 AM
12 AM
1 PM
2 PM
3 PM
4 PM
5 PM
6 PM
7 PM
8 PM
9 PM
10 PM
11 PM

PRIORITIES
>
>
>

TO DO LIST
-
-
-
-
-
-

NOTES

MOOD

WATER

REMINDERS

IDEAS

GRATITUDE

FITNESS/HEALTH

STEPS

MAKE TODAY
Awesome

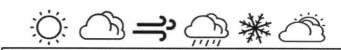

DATE	DAY

SCHEDULE

6 AM	
7 AM	
8 AM	
9 AM	
10 AM	
11 AM	
12 AM	
1 PM	
2 PM	
3 PM	
4 PM	
5 PM	
6 PM	
7 PM	
8 PM	
9 PM	
10 PM	
11 PM	

PRIORITIES

>
>
>

TO DO LIST

- ⬡
- ⬡
- ⬡
- ⬡
- ⬡
- ⬡

NOTES

MOOD

WATER

REMINDERS

IDEAS

GRATITUDE

FITNESS/HEALTH

STEPS

MAKE TODAY
Awesome

DATE		DAY

SCHEDULE

6 AM
7 AM
8 AM
9 AM
10 AM
11 AM
12 AM
1 PM
2 PM
3 PM
4 PM
5 PM
6 PM
7 PM
8 PM
9 PM
10 PM
11 PM

PRIORITIES

>

>

>

TO DO LIST

NOTES

MOOD

WATER

REMINDERS

IDEAS

GRATITUDE

FITNESS/HEALTH

STEPS

MAKE TODAY
Awesome

DATE	DAY

SCHEDULE

6 AM	
7 AM	
8 AM	
9 AM	
10 AM	
11 AM	
12 AM	
1 PM	
2 PM	
3 PM	
4 PM	
5 PM	
6 PM	
7 PM	
8 PM	
9 PM	
10 PM	
11 PM	

PRIORITIES

>
>
>

TO DO LIST

- ⬡
- ⬡
- ⬡
- ⬡
- ⬡
- ⬡

NOTES

MOOD

WATER

REMINDERS

IDEAS

GRATITUDE

FITNESS/HEALTH

STEPS

MAKE TODAY
Awesome

DATE		DAY

SCHEDULE

6 AM	
7 AM	
8 AM	
9 AM	
10 AM	
11 AM	
12 AM	
1 PM	
2 PM	
3 PM	
4 PM	
5 PM	
6 PM	
7 PM	
8 PM	
9 PM	
10 PM	
11 PM	

PRIORITIES

>
>
>

TO DO LIST

NOTES

MOOD

WATER

REMINDERS

IDEAS

GRATITUDE

FITNESS/HEALTH

STEPS

MAKE TODAY
Awesome

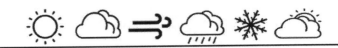

DATE	DAY

SCHEDULE

6 AM	
7 AM	
8 AM	
9 AM	
10 AM	
11 AM	
12 AM	
1 PM	
2 PM	
3 PM	
4 PM	
5 PM	
6 PM	
7 PM	
8 PM	
9 PM	
10 PM	
11 PM	

PRIORITIES

❯
❯
❯

TO DO LIST

⬡
⬡
⬡
⬡
⬡
⬡

NOTES

MOOD

WATER

REMINDERS

IDEAS

GRATITUDE

FITNESS/HEALTH

STEPS

MAKE TODAY
Awesome

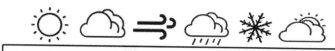

DATE	DAY

SCHEDULE

6 AM	
7 AM	
8 AM	
9 AM	
10 AM	
11 AM	
12 AM	
1 PM	
2 PM	
3 PM	
4 PM	
5 PM	
6 PM	
7 PM	
8 PM	
9 PM	
10 PM	
11 PM	

PRIORITIES

>
>
>

TO DO LIST

NOTES

MOOD

WATER

REMINDERS

IDEAS

GRATITUDE

FITNESS/HEALTH

STEPS

MAKE TODAY
Awesome

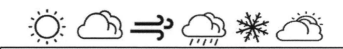

DATE		DAY

SCHEDULE

6 AM	
7 AM	
8 AM	
9 AM	
10 AM	
11 AM	
12 AM	
1 PM	
2 PM	
3 PM	
4 PM	
5 PM	
6 PM	
7 PM	
8 PM	
9 PM	
10 PM	
11 PM	

PRIORITIES

>
>
>

TO DO LIST

- ⬡
- ⬡
- ⬡
- ⬡
- ⬡
- ⬡

NOTES

MOOD

WATER

REMINDERS

IDEAS

GRATITUDE

FITNESS/HEALTH

STEPS

MAKE TODAY
Awesome

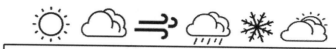

DATE	DAY

SCHEDULE

6 AM	
7 AM	
8 AM	
9 AM	
10 AM	
11 AM	
12 AM	
1 PM	
2 PM	
3 PM	
4 PM	
5 PM	
6 PM	
7 PM	
8 PM	
9 PM	
10 PM	
11 PM	

PRIORITIES

TO DO LIST

NOTES

MOOD

WATER

REMINDERS

IDEAS

GRATITUDE

FITNESS/HEALTH

STEPS

MAKE TODAY
Awesome

DATE	DAY

SCHEDULE

6 AM	
7 AM	
8 AM	
9 AM	
10 AM	
11 AM	
12 AM	
1 PM	
2 PM	
3 PM	
4 PM	
5 PM	
6 PM	
7 PM	
8 PM	
9 PM	
10 PM	
11 PM	

PRIORITIES

- ›
- ›
- ›

TO DO LIST

- ⬢
- ⬢
- ⬢
- ⬢
- ⬢
- ⬢

NOTES

MOOD

WATER

REMINDERS

IDEAS

GRATITUDE

FITNESS/HEALTH

STEPS

MAKE TODAY
Awesome

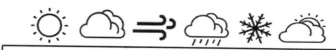

DATE	DAY

SCHEDULE

6 AM	
7 AM	
8 AM	
9 AM	
10 AM	
11 AM	
12 AM	
1 PM	
2 PM	
3 PM	
4 PM	
5 PM	
6 PM	
7 PM	
8 PM	
9 PM	
10 PM	
11 PM	

PRIORITIES

>
>
>

TO DO LIST

- ⬡
- ⬡
- ⬡
- ⬡
- ⬡
- ⬡

NOTES

MOOD

WATER

REMINDERS

IDEAS

GRATITUDE

FITNESS/HEALTH

STEPS

MAKE TODAY
Awesome

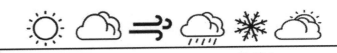

DATE	DAY

SCHEDULE

6 AM	
7 AM	
8 AM	
9 AM	
10 AM	
11 AM	
12 AM	
1 PM	
2 PM	
3 PM	
4 PM	
5 PM	
6 PM	
7 PM	
8 PM	
9 PM	
10 PM	
11 PM	

PRIORITIES

>
>
>

TO DO LIST

⬢
⬢
⬢
⬢
⬢
⬢

NOTES

MOOD

WATER

REMINDERS

IDEAS

GRATITUDE

FITNESS/HEALTH

STEPS

MAKE TODAY
Awesome

DATE	DAY

SCHEDULE

6 AM	
7 AM	
8 AM	
9 AM	
10 AM	
11 AM	
12 AM	
1 PM	
2 PM	
3 PM	
4 PM	
5 PM	
6 PM	
7 PM	
8 PM	
9 PM	
10 PM	
11 PM	

PRIORITIES

- >
- >
- >

TO DO LIST

- ⬢
- ⬢
- ⬢
- ⬢
- ⬢
- ⬢

NOTES

MOOD

WATER

REMINDERS

IDEAS

GRATITUDE

FITNESS/HEALTH

STEPS

MAKE TODAY
Awesome

DATE		DAY

SCHEDULE

6 AM	
7 AM	
8 AM	
9 AM	
10 AM	
11 AM	
12 AM	
1 PM	
2 PM	
3 PM	
4 PM	
5 PM	
6 PM	
7 PM	
8 PM	
9 PM	
10 PM	
11 PM	

PRIORITIES

>
>
>

TO DO LIST

⬡
⬡
⬡
⬡
⬡
⬡

NOTES

MOOD

WATER

REMINDERS

IDEAS

GRATITUDE

FITNESS/HEALTH

STEPS

MAKE TODAY
Awesome

DATE	DAY

SCHEDULE

6 AM	
7 AM	
8 AM	
9 AM	
10 AM	
11 AM	
12 AM	
1 PM	
2 PM	
3 PM	
4 PM	
5 PM	
6 PM	
7 PM	
8 PM	
9 PM	
10 PM	
11 PM	

PRIORITIES

>
>
>

TO DO LIST

- ⬢
- ⬢
- ⬢
- ⬢
- ⬢
- ⬢

NOTES

MOOD

WATER

REMINDERS

IDEAS

GRATITUDE

FITNESS/HEALTH

STEPS

MAKE TODAY
Awesome

DATE		DAY	

SCHEDULE

6 AM	
7 AM	
8 AM	
9 AM	
10 AM	
11 AM	
12 AM	
1 PM	
2 PM	
3 PM	
4 PM	
5 PM	
6 PM	
7 PM	
8 PM	
9 PM	
10 PM	
11 PM	

PRIORITIES

>
>
>

TO DO LIST

⬡
⬡
⬡
⬡
⬡
⬡

NOTES

MOOD

WATER

REMINDERS

IDEAS

GRATITUDE

FITNESS/HEALTH

STEPS

MAKE TODAY
Awesome

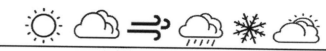

DATE	DAY

SCHEDULE

6 AM	
7 AM	
8 AM	
9 AM	
10 AM	
11 AM	
12 AM	
1 PM	
2 PM	
3 PM	
4 PM	
5 PM	
6 PM	
7 PM	
8 PM	
9 PM	
10 PM	
11 PM	

PRIORITIES

>
>
>

TO DO LIST

-
-
-
-
-
-

NOTES

MOOD

WATER

REMINDERS

IDEAS

GRATITUDE

FITNESS/HEALTH

STEPS

MAKE TODAY
Awesome

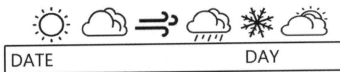

DATE	DAY

SCHEDULE

6 AM	
7 AM	
8 AM	
9 AM	
10 AM	
11 AM	
12 AM	
1 PM	
2 PM	
3 PM	
4 PM	
5 PM	
6 PM	
7 PM	
8 PM	
9 PM	
10 PM	
11 PM	

PRIORITIES

>
>
>

TO DO LIST

-
-
-
-
-
-

NOTES

MOOD

WATER

REMINDERS

IDEAS

GRATITUDE

FITNESS/HEALTH

STEPS

MAKE TODAY
Awesome

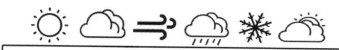

DATE	DAY

SCHEDULE

6 AM	
7 AM	
8 AM	
9 AM	
10 AM	
11 AM	
12 AM	
1 PM	
2 PM	
3 PM	
4 PM	
5 PM	
6 PM	
7 PM	
8 PM	
9 PM	
10 PM	
11 PM	

PRIORITIES

>
>
>

TO DO LIST

NOTES

MOOD

WATER

REMINDERS

IDEAS

GRATITUDE

FITNESS/HEALTH

STEPS

MAKE TODAY
Awesome

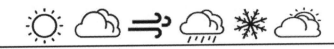

DATE		DAY

SCHEDULE	
6 AM	
7 AM	
8 AM	
9 AM	
10 AM	
11 AM	
12 AM	
1 PM	
2 PM	
3 PM	
4 PM	
5 PM	
6 PM	
7 PM	
8 PM	
9 PM	
10 PM	
11 PM	

PRIORITIES

>
>
>

TO DO LIST

-
-
-
-
-
-

NOTES

MOOD

WATER

REMINDERS

IDEAS

GRATITUDE

FITNESS/HEALTH

STEPS

MAKE TODAY
Awesome

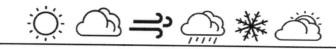

DATE	DAY

SCHEDULE

6 AM	
7 AM	
8 AM	
9 AM	
10 AM	
11 AM	
12 AM	
1 PM	
2 PM	
3 PM	
4 PM	
5 PM	
6 PM	
7 PM	
8 PM	
9 PM	
10 PM	
11 PM	

PRIORITIES

>
>
>

TO DO LIST

-
-
-
-
-
-

NOTES

MOOD

WATER

REMINDERS

IDEAS

GRATITUDE

FITNESS/HEALTH

STEPS

MAKE TODAY
Awesome

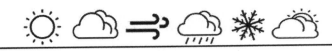

DATE   **DAY**

SCHEDULE

6 AM	
7 AM	
8 AM	
9 AM	
10 AM	
11 AM	
12 AM	
1 PM	
2 PM	
3 PM	
4 PM	
5 PM	
6 PM	
7 PM	
8 PM	
9 PM	
10 PM	
11 PM	

PRIORITIES

TO DO LIST

NOTES

MOOD

WATER

REMINDERS

IDEAS

GRATITUDE

FITNESS/HEALTH

STEPS

MAKE TODAY
Awesome

DATE	DAY

SCHEDULE

6 AM	
7 AM	
8 AM	
9 AM	
10 AM	
11 AM	
12 AM	
1 PM	
2 PM	
3 PM	
4 PM	
5 PM	
6 PM	
7 PM	
8 PM	
9 PM	
10 PM	
11 PM	

PRIORITIES

>
>
>

TO DO LIST

⬢
⬢
⬢
⬢
⬢
⬢

NOTES

MOOD

WATER

REMINDERS

IDEAS

GRATITUDE

FITNESS/HEALTH

STEPS

MAKE TODAY
Awesome

DATE		DAY

SCHEDULE

6 AM
7 AM
8 AM
9 AM
10 AM
11 AM
12 AM
1 PM
2 PM
3 PM
4 PM
5 PM
6 PM
7 PM
8 PM
9 PM
10 PM
11 PM

PRIORITIES

>
>
>

TO DO LIST

⬡
⬡
⬡
⬡
⬡
⬡

NOTES

MOOD

WATER

REMINDERS

IDEAS

GRATITUDE

FITNESS/HEALTH

STEPS

MAKE TODAY
Awesome

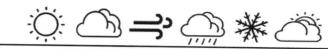

DATE	DAY

SCHEDULE

6 AM	
7 AM	
8 AM	
9 AM	
10 AM	
11 AM	
12 AM	
1 PM	
2 PM	
3 PM	
4 PM	
5 PM	
6 PM	
7 PM	
8 PM	
9 PM	
10 PM	
11 PM	

PRIORITIES

>
>
>

TO DO LIST

NOTES

MOOD

WATER

REMINDERS

IDEAS

GRATITUDE

FITNESS/HEALTH

STEPS

MAKE TODAY
Awesome

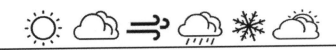

DATE   **DAY**

SCHEDULE

6 AM	
7 AM	
8 AM	
9 AM	
10 AM	
11 AM	
12 AM	
1 PM	
2 PM	
3 PM	
4 PM	
5 PM	
6 PM	
7 PM	
8 PM	
9 PM	
10 PM	
11 PM	

PRIORITIES

>
>
>

TO DO LIST

⬢
⬢
⬢
⬢
⬢
⬢

NOTES

MOOD

WATER

REMINDERS

IDEAS

GRATITUDE

FITNESS/HEALTH

STEPS

MAKE TODAY
Awesome

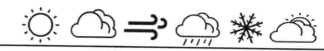

DATE		DAY

SCHEDULE

6 AM	
7 AM	
8 AM	
9 AM	
10 AM	
11 AM	
12 AM	
1 PM	
2 PM	
3 PM	
4 PM	
5 PM	
6 PM	
7 PM	
8 PM	
9 PM	
10 PM	
11 PM	

PRIORITIES

>
>
>

TO DO LIST

⬢
⬢
⬢
⬢
⬢
⬢

NOTES

MOOD

WATER

REMINDERS

IDEAS

GRATITUDE

FITNESS/HEALTH

STEPS

MAKE TODAY
Awesome

DATE	DAY

SCHEDULE

6 AM	
7 AM	
8 AM	
9 AM	
10 AM	
11 AM	
12 AM	
1 PM	
2 PM	
3 PM	
4 PM	
5 PM	
6 PM	
7 PM	
8 PM	
9 PM	
10 PM	
11 PM	

PRIORITIES

>
>
>

TO DO LIST

⬡
⬡
⬡
⬡
⬡
⬡

NOTES

MOOD

WATER

REMINDERS

IDEAS

GRATITUDE

FITNESS/HEALTH

STEPS

MAKE TODAY
Awesome

DATE	DAY

SCHEDULE

6 AM	
7 AM	
8 AM	
9 AM	
10 AM	
11 AM	
12 AM	
1 PM	
2 PM	
3 PM	
4 PM	
5 PM	
6 PM	
7 PM	
8 PM	
9 PM	
10 PM	
11 PM	

PRIORITIES

>
>
>

TO DO LIST

⬡
⬡
⬡
⬡
⬡
⬡

NOTES

MOOD

WATER

REMINDERS

IDEAS

GRATITUDE

FITNESS/HEALTH

STEPS

MAKE TODAY
Awesome

DATE	DAY

SCHEDULE

6 AM	
7 AM	
8 AM	
9 AM	
10 AM	
11 AM	
12 AM	
1 PM	
2 PM	
3 PM	
4 PM	
5 PM	
6 PM	
7 PM	
8 PM	
9 PM	
10 PM	
11 PM	

PRIORITIES

>
>
>

TO DO LIST

⬡
⬡
⬡
⬡
⬡
⬡

NOTES

MOOD

WATER

REMINDERS

IDEAS

GRATITUDE

FITNESS/HEALTH

STEPS

MAKE TODAY
Awesome

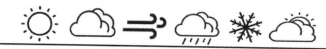

DATE	DAY

SCHEDULE

6 AM	
7 AM	
8 AM	
9 AM	
10 AM	
11 AM	
12 AM	
1 PM	
2 PM	
3 PM	
4 PM	
5 PM	
6 PM	
7 PM	
8 PM	
9 PM	
10 PM	
11 PM	

PRIORITIES

>
>
>

TO DO LIST

NOTES

MOOD

WATER

REMINDERS

IDEAS

GRATITUDE

FITNESS/HEALTH

STEPS

MAKE TODAY
Awesome

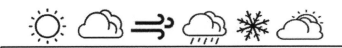

DATE	DAY

SCHEDULE

6 AM	
7 AM	
8 AM	
9 AM	
10 AM	
11 AM	
12 AM	
1 PM	
2 PM	
3 PM	
4 PM	
5 PM	
6 PM	
7 PM	
8 PM	
9 PM	
10 PM	
11 PM	

PRIORITIES

›
›
›

TO DO LIST

⬡
⬡
⬡
⬡
⬡
⬡

NOTES

MOOD

WATER

REMINDERS

IDEAS

GRATITUDE

FITNESS/HEALTH

STEPS

MAKE TODAY
Awesome

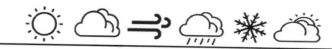

DATE	DAY

SCHEDULE

6 AM	
7 AM	
8 AM	
9 AM	
10 AM	
11 AM	
12 AM	
1 PM	
2 PM	
3 PM	
4 PM	
5 PM	
6 PM	
7 PM	
8 PM	
9 PM	
10 PM	
11 PM	

PRIORITIES

>
>
>

TO DO LIST

⬢
⬢
⬢
⬢
⬢
⬢

NOTES

MOOD

WATER

REMINDERS

IDEAS

GRATITUDE

FITNESS/HEALTH

STEPS

MAKE TODAY
Awesome

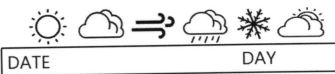

DATE		DAY

SCHEDULE
6 AM
7 AM
8 AM
9 AM
10 AM
11 AM
12 AM
1 PM
2 PM
3 PM
4 PM
5 PM
6 PM
7 PM
8 PM
9 PM
10 PM
11 PM

PRIORITIES
>
>
>

TO DO LIST
-
-
-
-
-
-

NOTES

MOOD

WATER

REMINDERS

IDEAS

GRATITUDE

FITNESS/HEALTH

STEPS

MAKE TODAY
Awesome

DATE	DAY

SCHEDULE
6 AM
7 AM
8 AM
9 AM
10 AM
11 AM
12 AM
1 PM
2 PM
3 PM
4 PM
5 PM
6 PM
7 PM
8 PM
9 PM
10 PM
11 PM

PRIORITIES

>
>
>

TO DO LIST

-
-
-
-
-
-

NOTES

MOOD

WATER

REMINDERS

IDEAS

GRATITUDE

FITNESS/HEALTH

STEPS

MAKE TODAY
Awesome

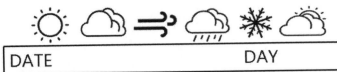

DATE	DAY

SCHEDULE

6 AM	
7 AM	
8 AM	
9 AM	
10 AM	
11 AM	
12 AM	
1 PM	
2 PM	
3 PM	
4 PM	
5 PM	
6 PM	
7 PM	
8 PM	
9 PM	
10 PM	
11 PM	

PRIORITIES

❯
❯
❯

TO DO LIST

⬡
⬡
⬡
⬡
⬡
⬡

NOTES

MOOD

WATER

REMINDERS

IDEAS

GRATITUDE

FITNESS/HEALTH

STEPS

MAKE TODAY
Awesome

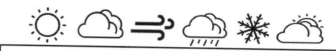

DATE	DAY

SCHEDULE

6 AM	
7 AM	
8 AM	
9 AM	
10 AM	
11 AM	
12 AM	
1 PM	
2 PM	
3 PM	
4 PM	
5 PM	
6 PM	
7 PM	
8 PM	
9 PM	
10 PM	
11 PM	

PRIORITIES

>
>
>

TO DO LIST

⬢
⬢
⬢
⬢
⬢
⬢

NOTES

MOOD

WATER

REMINDERS

IDEAS

GRATITUDE

FITNESS/HEALTH

STEPS

MAKE TODAY
Awesome

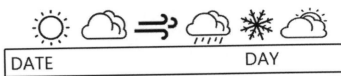

DATE	DAY

SCHEDULE

6 AM	
7 AM	
8 AM	
9 AM	
10 AM	
11 AM	
12 AM	
1 PM	
2 PM	
3 PM	
4 PM	
5 PM	
6 PM	
7 PM	
8 PM	
9 PM	
10 PM	
11 PM	

PRIORITIES

>
>
>

TO DO LIST

- ⬡
- ⬡
- ⬡
- ⬡
- ⬡
- ⬡

NOTES

MOOD

WATER

REMINDERS

IDEAS

GRATITUDE

FITNESS/HEALTH

STEPS

MAKE TODAY
Awesome

DATE		DAY

SCHEDULE

6 AM
7 AM
8 AM
9 AM
10 AM
11 AM
12 AM
1 PM
2 PM
3 PM
4 PM
5 PM
6 PM
7 PM
8 PM
9 PM
10 PM
11 PM

PRIORITIES

TO DO LIST

NOTES

MOOD

WATER

REMINDERS

IDEAS

GRATITUDE

FITNESS/HEALTH

STEPS

MAKE TODAY Awesome

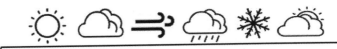

DATE _____ **DAY** _____

SCHEDULE

6 AM	
7 AM	
8 AM	
9 AM	
10 AM	
11 AM	
12 AM	
1 PM	
2 PM	
3 PM	
4 PM	
5 PM	
6 PM	
7 PM	
8 PM	
9 PM	
10 PM	
11 PM	

PRIORITIES

>
>
>

TO DO LIST

⬡
⬡
⬡
⬡
⬡
⬡

NOTES

MOOD

WATER

REMINDERS

IDEAS

GRATITUDE

FITNESS/HEALTH

STEPS

MAKE TODAY
Awesome

DATE	DAY

SCHEDULE

6 AM	
7 AM	
8 AM	
9 AM	
10 AM	
11 AM	
12 AM	
1 PM	
2 PM	
3 PM	
4 PM	
5 PM	
6 PM	
7 PM	
8 PM	
9 PM	
10 PM	
11 PM	

PRIORITIES

>
>
>

TO DO LIST

NOTES

MOOD

WATER

REMINDERS

IDEAS

GRATITUDE

FITNESS/HEALTH

STEPS

MAKE TODAY
Awesome

DATE	DAY

SCHEDULE

6 AM	
7 AM	
8 AM	
9 AM	
10 AM	
11 AM	
12 AM	
1 PM	
2 PM	
3 PM	
4 PM	
5 PM	
6 PM	
7 PM	
8 PM	
9 PM	
10 PM	
11 PM	

PRIORITIES

>
>
>

TO DO LIST

-
-
-
-
-
-

NOTES

MOOD

WATER

REMINDERS

IDEAS

GRATITUDE

FITNESS/HEALTH

STEPS

MAKE TODAY
Awesome

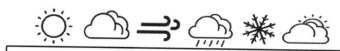

DATE	DAY

SCHEDULE

6 AM	
7 AM	
8 AM	
9 AM	
10 AM	
11 AM	
12 AM	
1 PM	
2 PM	
3 PM	
4 PM	
5 PM	
6 PM	
7 PM	
8 PM	
9 PM	
10 PM	
11 PM	

PRIORITIES

>
>
>

TO DO LIST

⬢
⬢
⬢
⬢
⬢
⬢

NOTES

MOOD

WATER

REMINDERS

IDEAS

GRATITUDE

FITNESS/HEALTH

STEPS

MAKE TODAY
Awesome

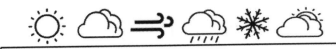

DATE	DAY

SCHEDULE

6 AM	
7 AM	
8 AM	
9 AM	
10 AM	
11 AM	
12 AM	
1 PM	
2 PM	
3 PM	
4 PM	
5 PM	
6 PM	
7 PM	
8 PM	
9 PM	
10 PM	
11 PM	

PRIORITIES

>
>
>

TO DO LIST

NOTES

MOOD

WATER

REMINDERS

IDEAS

GRATITUDE

FITNESS/HEALTH

STEPS

MAKE TODAY
Awesome

DATE		DAY

SCHEDULE

6 AM	
7 AM	
8 AM	
9 AM	
10 AM	
11 AM	
12 AM	
1 PM	
2 PM	
3 PM	
4 PM	
5 PM	
6 PM	
7 PM	
8 PM	
9 PM	
10 PM	
11 PM	

PRIORITIES
>
>
>

TO DO LIST
-
-
-
-
-
-

NOTES

MOOD

WATER

REMINDERS

IDEAS

GRATITUDE

FITNESS/HEALTH

STEPS

MAKE TODAY
Awesome

DATE	DAY

SCHEDULE

6 AM
7 AM
8 AM
9 AM
10 AM
11 AM
12 AM
1 PM
2 PM
3 PM
4 PM
5 PM
6 PM
7 PM
8 PM
9 PM
10 PM
11 PM

PRIORITIES

>
>
>

TO DO LIST

⬡
⬡
⬡
⬡
⬡
⬡

NOTES

MOOD

WATER

REMINDERS

IDEAS

GRATITUDE

FITNESS/HEALTH

STEPS

MAKE TODAY
Awesome

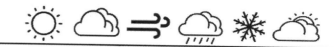

DATE	DAY

SCHEDULE

6 AM
7 AM
8 AM
9 AM
10 AM
11 AM
12 AM
1 PM
2 PM
3 PM
4 PM
5 PM
6 PM
7 PM
8 PM
9 PM
10 PM
11 PM

PRIORITIES

TO DO LIST

NOTES

MOOD

WATER

REMINDERS

IDEAS

GRATITUDE

FITNESS/HEALTH

STEPS

MAKE TODAY
Awesome

DATE   **DAY**

SCHEDULE

| 6 AM |
| 7 AM |
| 8 AM |
| 9 AM |
| 10 AM |
| 11 AM |
| 12 AM |
| 1 PM |
| 2 PM |
| 3 PM |
| 4 PM |
| 5 PM |
| 6 PM |
| 7 PM |
| 8 PM |
| 9 PM |
| 10 PM |
| 11 PM |

PRIORITIES

>
>
>

TO DO LIST

⬢
⬢
⬢
⬢
⬢
⬢

NOTES

MOOD

WATER

REMINDERS

IDEAS

GRATITUDE

FITNESS/HEALTH

STEPS

MAKE TODAY
Awesome

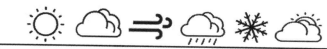

DATE	DAY

SCHEDULE

6 AM	
7 AM	
8 AM	
9 AM	
10 AM	
11 AM	
12 AM	
1 PM	
2 PM	
3 PM	
4 PM	
5 PM	
6 PM	
7 PM	
8 PM	
9 PM	
10 PM	
11 PM	

PRIORITIES

›
›
›

TO DO LIST

⬢
⬢
⬢
⬢
⬢
⬢

NOTES

MOOD

WATER

REMINDERS

IDEAS

GRATITUDE

FITNESS/HEALTH

STEPS

MAKE TODAY
Awesome

DATE	DAY

SCHEDULE

6 AM	
7 AM	
8 AM	
9 AM	
10 AM	
11 AM	
12 AM	
1 PM	
2 PM	
3 PM	
4 PM	
5 PM	
6 PM	
7 PM	
8 PM	
9 PM	
10 PM	
11 PM	

PRIORITIES

>
>
>

TO DO LIST

NOTES

MOOD

WATER

REMINDERS

IDEAS

GRATITUDE

FITNESS/HEALTH

STEPS

MAKE TODAY
Awesome

DATE	DAY

SCHEDULE

6 AM	
7 AM	
8 AM	
9 AM	
10 AM	
11 AM	
12 AM	
1 PM	
2 PM	
3 PM	
4 PM	
5 PM	
6 PM	
7 PM	
8 PM	
9 PM	
10 PM	
11 PM	

PRIORITIES

TO DO LIST

NOTES

MOOD

WATER

REMINDERS

IDEAS

GRATITUDE

FITNESS/HEALTH

STEPS

MAKE TODAY
Awesome

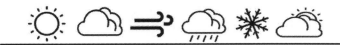

DATE	DAY

SCHEDULE
6 AM
7 AM
8 AM
9 AM
10 AM
11 AM
12 AM
1 PM
2 PM
3 PM
4 PM
5 PM
6 PM
7 PM
8 PM
9 PM
10 PM
11 PM

PRIORITIES

>
>
>

TO DO LIST

-
-
-
-
-
-

NOTES

MOOD

WATER

REMINDERS

IDEAS

GRATITUDE

FITNESS/HEALTH

STEPS

MAKE TODAY
Awesome

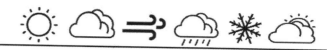

DATE	DAY

SCHEDULE

6 AM	
7 AM	
8 AM	
9 AM	
10 AM	
11 AM	
12 AM	
1 PM	
2 PM	
3 PM	
4 PM	
5 PM	
6 PM	
7 PM	
8 PM	
9 PM	
10 PM	
11 PM	

PRIORITIES

>
>
>

TO DO LIST

-
-
-
-
-
-

NOTES

MOOD

WATER

REMINDERS

IDEAS

GRATITUDE

FITNESS/HEALTH

STEPS

MAKE TODAY
Awesome

DATE	DAY

SCHEDULE

6 AM	
7 AM	
8 AM	
9 AM	
10 AM	
11 AM	
12 AM	
1 PM	
2 PM	
3 PM	
4 PM	
5 PM	
6 PM	
7 PM	
8 PM	
9 PM	
10 PM	
11 PM	

PRIORITIES

>
>
>

TO DO LIST

NOTES

MOOD

WATER

REMINDERS

IDEAS

GRATITUDE

FITNESS/HEALTH

STEPS

MAKE TODAY
Awesome

DATE	DAY

SCHEDULE

6 AM	
7 AM	
8 AM	
9 AM	
10 AM	
11 AM	
12 AM	
1 PM	
2 PM	
3 PM	
4 PM	
5 PM	
6 PM	
7 PM	
8 PM	
9 PM	
10 PM	
11 PM	

PRIORITIES

TO DO LIST

NOTES

MOOD

WATER

REMINDERS

IDEAS

GRATITUDE

FITNESS/HEALTH

STEPS

MAKE TODAY
Awesome

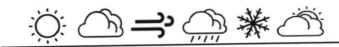

DATE	DAY

SCHEDULE

6 AM	
7 AM	
8 AM	
9 AM	
10 AM	
11 AM	
12 AM	
1 PM	
2 PM	
3 PM	
4 PM	
5 PM	
6 PM	
7 PM	
8 PM	
9 PM	
10 PM	
11 PM	

PRIORITIES

>
>
>

TO DO LIST

-
-
-
-
-
-

NOTES

MOOD

WATER

REMINDERS

IDEAS

GRATITUDE

FITNESS/HEALTH

STEPS

MAKE TODAY
Awesome

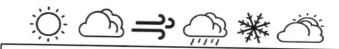

DATE	DAY

SCHEDULE

6 AM	
7 AM	
8 AM	
9 AM	
10 AM	
11 AM	
12 AM	
1 PM	
2 PM	
3 PM	
4 PM	
5 PM	
6 PM	
7 PM	
8 PM	
9 PM	
10 PM	
11 PM	

PRIORITIES

>
>
>

TO DO LIST

NOTES

MOOD

WATER

REMINDERS

IDEAS

GRATITUDE

FITNESS/HEALTH

STEPS

MAKE TODAY
Awesome

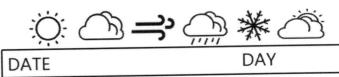

DATE	DAY

SCHEDULE

6 AM	
7 AM	
8 AM	
9 AM	
10 AM	
11 AM	
12 AM	
1 PM	
2 PM	
3 PM	
4 PM	
5 PM	
6 PM	
7 PM	
8 PM	
9 PM	
10 PM	
11 PM	

PRIORITIES

>
>
>

TO DO LIST

⬡
⬡
⬡
⬡
⬡
⬡

NOTES

MOOD

WATER

REMINDERS

IDEAS

GRATITUDE

FITNESS/HEALTH

STEPS

MAKE TODAY
Awesome

DATE		DAY	

SCHEDULE

6 AM	
7 AM	
8 AM	
9 AM	
10 AM	
11 AM	
12 AM	
1 PM	
2 PM	
3 PM	
4 PM	
5 PM	
6 PM	
7 PM	
8 PM	
9 PM	
10 PM	
11 PM	

PRIORITIES

>
>
>

TO DO LIST

⬡
⬡
⬡
⬡
⬡
⬡

NOTES

MOOD

WATER

REMINDERS

IDEAS

GRATITUDE

FITNESS/HEALTH

STEPS

MAKE TODAY
Awesome

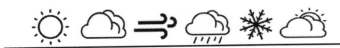

DATE		DAY

SCHEDULE
6 AM
7 AM
8 AM
9 AM
10 AM
11 AM
12 AM
1 PM
2 PM
3 PM
4 PM
5 PM
6 PM
7 PM
8 PM
9 PM
10 PM
11 PM

PRIORITIES

>
>
>

TO DO LIST

NOTES

MOOD

WATER

REMINDERS

IDEAS

GRATITUDE

FITNESS/HEALTH

STEPS

MAKE TODAY
Awesome

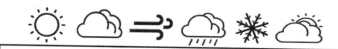

DATE	DAY

SCHEDULE

6 AM	
7 AM	
8 AM	
9 AM	
10 AM	
11 AM	
12 AM	
1 PM	
2 PM	
3 PM	
4 PM	
5 PM	
6 PM	
7 PM	
8 PM	
9 PM	
10 PM	
11 PM	

PRIORITIES

TO DO LIST

NOTES

MOOD

WATER

REMINDERS

IDEAS

GRATITUDE

FITNESS/HEALTH

STEPS

MAKE TODAY
Awesome

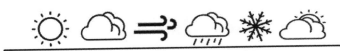

DATE	DAY

SCHEDULE

6 AM	
7 AM	
8 AM	
9 AM	
10 AM	
11 AM	
12 AM	
1 PM	
2 PM	
3 PM	
4 PM	
5 PM	
6 PM	
7 PM	
8 PM	
9 PM	
10 PM	
11 PM	

PRIORITIES

>
>
>

TO DO LIST

-
-
-
-
-
-

NOTES

MOOD

WATER

REMINDERS

IDEAS

GRATITUDE

FITNESS/HEALTH

STEPS

MAKE TODAY
Awesome

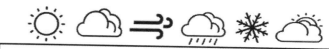

DATE		DAY	

SCHEDULE

6 AM	
7 AM	
8 AM	
9 AM	
10 AM	
11 AM	
12 AM	
1 PM	
2 PM	
3 PM	
4 PM	
5 PM	
6 PM	
7 PM	
8 PM	
9 PM	
10 PM	
11 PM	

PRIORITIES

>
>
>

TO DO LIST

- ⬡
- ⬡
- ⬡
- ⬡
- ⬡
- ⬡

NOTES

MOOD

WATER

REMINDERS

IDEAS

GRATITUDE

FITNESS/HEALTH

STEPS

MAKE TODAY
Awesome

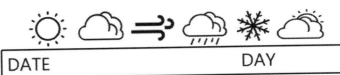

DATE   DAY

SCHEDULE
6 AM
7 AM
8 AM
9 AM
10 AM
11 AM
12 AM
1 PM
2 PM
3 PM
4 PM
5 PM
6 PM
7 PM
8 PM
9 PM
10 PM
11 PM

PRIORITIES

➤

➤

➤

TO DO LIST

⬢

⬢

⬢

⬢

⬢

⬢

NOTES

MOOD

WATER

REMINDERS

IDEAS

GRATITUDE

FITNESS/HEALTH

STEPS

MAKE TODAY
Awesome

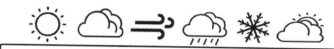

DATE	DAY

SCHEDULE

6 AM	
7 AM	
8 AM	
9 AM	
10 AM	
11 AM	
12 AM	
1 PM	
2 PM	
3 PM	
4 PM	
5 PM	
6 PM	
7 PM	
8 PM	
9 PM	
10 PM	
11 PM	

PRIORITIES

>
>
>

TO DO LIST

-
-
-
-
-
-

NOTES

MOOD

WATER

REMINDERS

IDEAS

GRATITUDE

FITNESS/HEALTH

STEPS

MAKE TODAY
Awesome

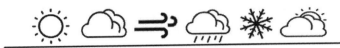

DATE	DAY

SCHEDULE

6 AM
7 AM
8 AM
9 AM
10 AM
11 AM
12 AM
1 PM
2 PM
3 PM
4 PM
5 PM
6 PM
7 PM
8 PM
9 PM
10 PM
11 PM

PRIORITIES

TO DO LIST

NOTES

MOOD

WATER

REMINDERS

IDEAS

GRATITUDE

FITNESS/HEALTH

STEPS

MAKE TODAY
Awesome

DATE	DAY

SCHEDULE

6 AM	
7 AM	
8 AM	
9 AM	
10 AM	
11 AM	
12 AM	
1 PM	
2 PM	
3 PM	
4 PM	
5 PM	
6 PM	
7 PM	
8 PM	
9 PM	
10 PM	
11 PM	

PRIORITIES

›
›
›

TO DO LIST

⬡
⬡
⬡
⬡
⬡
⬡

NOTES

MOOD

WATER

REMINDERS

IDEAS

GRATITUDE

FITNESS/HEALTH

STEPS

MAKE TODAY
Awesome

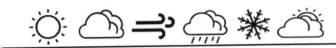

DATE	DAY

SCHEDULE

6 AM	
7 AM	
8 AM	
9 AM	
10 AM	
11 AM	
12 AM	
1 PM	
2 PM	
3 PM	
4 PM	
5 PM	
6 PM	
7 PM	
8 PM	
9 PM	
10 PM	
11 PM	

PRIORITIES

>
>
>

TO DO LIST

⬡
⬡
⬡
⬡
⬡
⬡

NOTES

MOOD

WATER

REMINDERS

IDEAS

GRATITUDE

FITNESS/HEALTH

STEPS

MAKE TODAY
Awesome

DATE	DAY

SCHEDULE

6 AM	
7 AM	
8 AM	
9 AM	
10 AM	
11 AM	
12 AM	
1 PM	
2 PM	
3 PM	
4 PM	
5 PM	
6 PM	
7 PM	
8 PM	
9 PM	
10 PM	
11 PM	

PRIORITIES

>
>
>

TO DO LIST

⬢
⬢
⬢
⬢
⬢
⬢

NOTES

MOOD

WATER

REMINDERS

IDEAS

GRATITUDE

FITNESS/HEALTH

STEPS

MAKE TODAY
Awesome

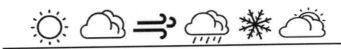

DATE	DAY

SCHEDULE
6 AM
7 AM
8 AM
9 AM
10 AM
11 AM
12 AM
1 PM
2 PM
3 PM
4 PM
5 PM
6 PM
7 PM
8 PM
9 PM
10 PM
11 PM

PRIORITIES
>
>
>

TO DO LIST
-
-
-
-
-
-

NOTES

MOOD

WATER

REMINDERS

IDEAS

GRATITUDE

FITNESS/HEALTH

STEPS

MAKE TODAY
Awesome

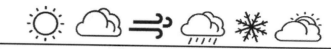

DATE	DAY

SCHEDULE
6 AM
7 AM
8 AM
9 AM
10 AM
11 AM
12 AM
1 PM
2 PM
3 PM
4 PM
5 PM
6 PM
7 PM
8 PM
9 PM
10 PM
11 PM

PRIORITIES

TO DO LIST

NOTES

MOOD

WATER

REMINDERS

IDEAS

GRATITUDE

FITNESS/HEALTH

STEPS

MAKE TODAY
Awesome

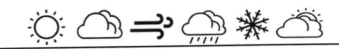

DATE	DAY

SCHEDULE

6 AM
7 AM
8 AM
9 AM
10 AM
11 AM
12 AM
1 PM
2 PM
3 PM
4 PM
5 PM
6 PM
7 PM
8 PM
9 PM
10 PM
11 PM

PRIORITIES

>
>
>

TO DO LIST

NOTES

MOOD

WATER

REMINDERS

IDEAS

GRATITUDE

FITNESS/HEALTH

STEPS

MAKE TODAY
Awesome

DATE	DAY

SCHEDULE

6 AM	
7 AM	
8 AM	
9 AM	
10 AM	
11 AM	
12 AM	
1 PM	
2 PM	
3 PM	
4 PM	
5 PM	
6 PM	
7 PM	
8 PM	
9 PM	
10 PM	
11 PM	

PRIORITIES

>
>
>

TO DO LIST

NOTES

MOOD

WATER

REMINDERS

IDEAS

GRATITUDE

FITNESS/HEALTH

STEPS

MAKE TODAY
Awesome

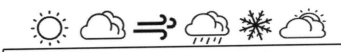

DATE	DAY

SCHEDULE

6 AM	
7 AM	
8 AM	
9 AM	
10 AM	
11 AM	
12 AM	
1 PM	
2 PM	
3 PM	
4 PM	
5 PM	
6 PM	
7 PM	
8 PM	
9 PM	
10 PM	
11 PM	

PRIORITIES

>
>
>

TO DO LIST

NOTES

MOOD

WATER

REMINDERS

IDEAS

GRATITUDE

FITNESS/HEALTH

STEPS

MAKE TODAY
Awesome

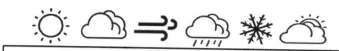

DATE	DAY

SCHEDULE

6 AM	
7 AM	
8 AM	
9 AM	
10 AM	
11 AM	
12 AM	
1 PM	
2 PM	
3 PM	
4 PM	
5 PM	
6 PM	
7 PM	
8 PM	
9 PM	
10 PM	
11 PM	

PRIORITIES

›
›
›

TO DO LIST

⬡
⬡
⬡
⬡
⬡
⬡

NOTES

MOOD

WATER

REMINDERS

IDEAS

GRATITUDE

FITNESS/HEALTH

STEPS

MAKE TODAY
Awesome

DATE		DAY

SCHEDULE
6 AM
7 AM
8 AM
9 AM
10 AM
11 AM
12 AM
1 PM
2 PM
3 PM
4 PM
5 PM
6 PM
7 PM
8 PM
9 PM
10 PM
11 PM

PRIORITIES
>
>
>

TO DO LIST
-
-
-
-
-
-

NOTES

MOOD

WATER

REMINDERS

IDEAS

GRATITUDE

FITNESS/HEALTH

STEPS

MAKE TODAY
Awesome

DATE	DAY

SCHEDULE

6 AM	
7 AM	
8 AM	
9 AM	
10 AM	
11 AM	
12 AM	
1 PM	
2 PM	
3 PM	
4 PM	
5 PM	
6 PM	
7 PM	
8 PM	
9 PM	
10 PM	
11 PM	

PRIORITIES

>
>
>

TO DO LIST

-
-
-
-
-
-

NOTES

MOOD

WATER

REMINDERS

IDEAS

GRATITUDE

FITNESS/HEALTH

STEPS

MAKE TODAY
Awesome

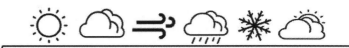

DATE	DAY

SCHEDULE

6 AM	
7 AM	
8 AM	
9 AM	
10 AM	
11 AM	
12 AM	
1 PM	
2 PM	
3 PM	
4 PM	
5 PM	
6 PM	
7 PM	
8 PM	
9 PM	
10 PM	
11 PM	

PRIORITIES

>
>
>

TO DO LIST

- ⬡
- ⬡
- ⬡
- ⬡
- ⬡
- ⬡

NOTES

MOOD

WATER

REMINDERS

IDEAS

GRATITUDE

FITNESS/HEALTH

STEPS

MAKE TODAY
Awesome

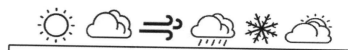

DATE		DAY

SCHEDULE

6 AM	
7 AM	
8 AM	
9 AM	
10 AM	
11 AM	
12 AM	
1 PM	
2 PM	
3 PM	
4 PM	
5 PM	
6 PM	
7 PM	
8 PM	
9 PM	
10 PM	
11 PM	

PRIORITIES

>
>
>

TO DO LIST

- ⬡
- ⬡
- ⬡
- ⬡
- ⬡
- ⬡

NOTES

MOOD

WATER

REMINDERS

IDEAS

GRATITUDE

FITNESS/HEALTH

STEPS

MAKE TODAY
Awesome

DATE	DAY

SCHEDULE

6 AM	
7 AM	
8 AM	
9 AM	
10 AM	
11 AM	
12 AM	
1 PM	
2 PM	
3 PM	
4 PM	
5 PM	
6 PM	
7 PM	
8 PM	
9 PM	
10 PM	
11 PM	

PRIORITIES

❯
❯
❯

TO DO LIST

⬢
⬢
⬢
⬢
⬢
⬢

NOTES

MOOD

WATER

REMINDERS

IDEAS

GRATITUDE

FITNESS/HEALTH

STEPS

MAKE TODAY
Awesome

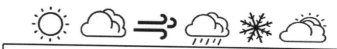

DATE		DAY

SCHEDULE

6 AM	
7 AM	
8 AM	
9 AM	
10 AM	
11 AM	
12 AM	
1 PM	
2 PM	
3 PM	
4 PM	
5 PM	
6 PM	
7 PM	
8 PM	
9 PM	
10 PM	
11 PM	

PRIORITIES

- ❯
- ❯
- ❯

TO DO LIST

- ⬡
- ⬡
- ⬡
- ⬡
- ⬡
- ⬡

NOTES

MOOD

WATER

REMINDERS

IDEAS

GRATITUDE

FITNESS/HEALTH

STEPS

MAKE TODAY
Awesome

DATE	DAY

SCHEDULE

6 AM	
7 AM	
8 AM	
9 AM	
10 AM	
11 AM	
12 AM	
1 PM	
2 PM	
3 PM	
4 PM	
5 PM	
6 PM	
7 PM	
8 PM	
9 PM	
10 PM	
11 PM	

PRIORITIES

>
>
>

TO DO LIST

NOTES

MOOD

WATER

REMINDERS

IDEAS

GRATITUDE

FITNESS/HEALTH

STEPS

MAKE TODAY
Awesome

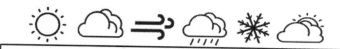

DATE	DAY

SCHEDULE

6 AM	
7 AM	
8 AM	
9 AM	
10 AM	
11 AM	
12 AM	
1 PM	
2 PM	
3 PM	
4 PM	
5 PM	
6 PM	
7 PM	
8 PM	
9 PM	
10 PM	
11 PM	

PRIORITIES

>
>
>

TO DO LIST

-
-
-
-
-
-

NOTES

MOOD

WATER

REMINDERS

IDEAS

GRATITUDE

FITNESS/HEALTH

STEPS

MAKE TODAY
Awesome

DATE	DAY

SCHEDULE

6 AM	
7 AM	
8 AM	
9 AM	
10 AM	
11 AM	
12 AM	
1 PM	
2 PM	
3 PM	
4 PM	
5 PM	
6 PM	
7 PM	
8 PM	
9 PM	
10 PM	
11 PM	

PRIORITIES

>
>
>

TO DO LIST

⬡
⬡
⬡
⬡
⬡
⬡

NOTES

MOOD

WATER

REMINDERS

IDEAS

GRATITUDE

FITNESS/HEALTH

STEPS

MAKE TODAY
Awesome

DATE		DAY

SCHEDULE

6 AM	
7 AM	
8 AM	
9 AM	
10 AM	
11 AM	
12 AM	
1 PM	
2 PM	
3 PM	
4 PM	
5 PM	
6 PM	
7 PM	
8 PM	
9 PM	
10 PM	
11 PM	

PRIORITIES

>
>
>

TO DO LIST

- ⬢
- ⬢
- ⬢
- ⬢
- ⬢
- ⬢

NOTES

MOOD

WATER

REMINDERS

IDEAS

GRATITUDE

FITNESS/HEALTH

STEPS

MAKE TODAY
Awesome

DATE	DAY

SCHEDULE

6 AM	
7 AM	
8 AM	
9 AM	
10 AM	
11 AM	
12 AM	
1 PM	
2 PM	
3 PM	
4 PM	
5 PM	
6 PM	
7 PM	
8 PM	
9 PM	
10 PM	
11 PM	

PRIORITIES

❯
❯
❯

TO DO LIST

⬢
⬢
⬢
⬢
⬢
⬢

NOTES

MOOD

WATER

REMINDERS

IDEAS

GRATITUDE

FITNESS/HEALTH

STEPS

MAKE TODAY
Awesome

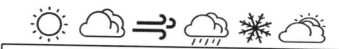

DATE	DAY

SCHEDULE

6 AM
7 AM
8 AM
9 AM
10 AM
11 AM
12 AM
1 PM
2 PM
3 PM
4 PM
5 PM
6 PM
7 PM
8 PM
9 PM
10 PM
11 PM

PRIORITIES

>
>
>

TO DO LIST

NOTES

MOOD

WATER

REMINDERS

IDEAS

GRATITUDE

FITNESS/HEALTH

STEPS

MAKE TODAY
Awesome

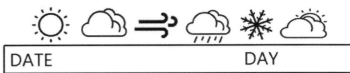

DATE _____ DAY _____

SCHEDULE	PRIORITIES
6 AM	❯
7 AM	❯
8 AM	❯
9 AM	**TO DO LIST**
10 AM	⬢
11 AM	⬢
12 AM	⬢
1 PM	⬢
2 PM	⬢
3 PM	⬢
4 PM	**NOTES**
5 PM	
6 PM	
7 PM	
8 PM	
9 PM	
10 PM	
11 PM	

MOOD 😀 🙂 😐 ☹️ 😣

WATER 🥛 🥛 🥛 🥛 🥛 🥛 🥛 🥛

REMINDERS

IDEAS

GRATITUDE

FITNESS/HEALTH

STEPS

MAKE TODAY
Awesome

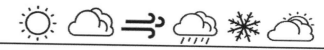

DATE	DAY

SCHEDULE

6 AM	
7 AM	
8 AM	
9 AM	
10 AM	
11 AM	
12 AM	
1 PM	
2 PM	
3 PM	
4 PM	
5 PM	
6 PM	
7 PM	
8 PM	
9 PM	
10 PM	
11 PM	

PRIORITIES

>
>
>

TO DO LIST

⬡
⬡
⬡
⬡
⬡
⬡

NOTES

MOOD

WATER

REMINDERS

IDEAS

GRATITUDE

FITNESS/HEALTH

STEPS

MAKE TODAY
Awesome

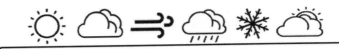

DATE	DAY

SCHEDULE

6 AM
7 AM
8 AM
9 AM
10 AM
11 AM
12 AM
1 PM
2 PM
3 PM
4 PM
5 PM
6 PM
7 PM
8 PM
9 PM
10 PM
11 PM

PRIORITIES

>
>
>

TO DO LIST

-
-
-
-
-
-

NOTES

MOOD

WATER

REMINDERS

IDEAS

GRATITUDE

FITNESS/HEALTH

STEPS

MAKE TODAY
Awesome

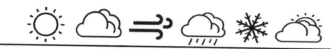

DATE	DAY

SCHEDULE

6 AM	
7 AM	
8 AM	
9 AM	
10 AM	
11 AM	
12 AM	
1 PM	
2 PM	
3 PM	
4 PM	
5 PM	
6 PM	
7 PM	
8 PM	
9 PM	
10 PM	
11 PM	

PRIORITIES

>
>
>

TO DO LIST

NOTES

MOOD

WATER

REMINDERS

IDEAS

GRATITUDE

FITNESS/HEALTH

STEPS

MAKE TODAY
Awesome

DATE   **DAY**

SCHEDULE

6 AM	
7 AM	
8 AM	
9 AM	
10 AM	
11 AM	
12 AM	
1 PM	
2 PM	
3 PM	
4 PM	
5 PM	
6 PM	
7 PM	
8 PM	
9 PM	
10 PM	
11 PM	

PRIORITIES

-
-
-

TO DO LIST

-
-
-
-
-
-

NOTES

MOOD

WATER

REMINDERS

IDEAS

GRATITUDE

FITNESS/HEALTH

STEPS

MAKE TODAY
Awesome

DATE	DAY

SCHEDULE

6 AM	
7 AM	
8 AM	
9 AM	
10 AM	
11 AM	
12 AM	
1 PM	
2 PM	
3 PM	
4 PM	
5 PM	
6 PM	
7 PM	
8 PM	
9 PM	
10 PM	
11 PM	

PRIORITIES

TO DO LIST

NOTES

MOOD

WATER

REMINDERS

IDEAS

GRATITUDE

FITNESS/HEALTH

STEPS

MAKE TODAY
Awesome

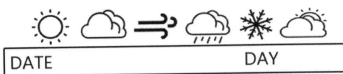

DATE	DAY

SCHEDULE

6 AM	
7 AM	
8 AM	
9 AM	
10 AM	
11 AM	
12 AM	
1 PM	
2 PM	
3 PM	
4 PM	
5 PM	
6 PM	
7 PM	
8 PM	
9 PM	
10 PM	
11 PM	

PRIORITIES

>
>
>

TO DO LIST

⬡
⬡
⬡
⬡
⬡
⬡

NOTES

MOOD

WATER

REMINDERS

IDEAS

GRATITUDE

FITNESS/HEALTH

STEPS

MAKE TODAY
Awesome

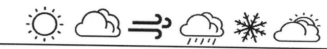

DATE	DAY

SCHEDULE

6 AM	
7 AM	
8 AM	
9 AM	
10 AM	
11 AM	
12 AM	
1 PM	
2 PM	
3 PM	
4 PM	
5 PM	
6 PM	
7 PM	
8 PM	
9 PM	
10 PM	
11 PM	

PRIORITIES

›
›
›

TO DO LIST

NOTES

MOOD

WATER

REMINDERS

IDEAS

GRATITUDE

FITNESS/HEALTH

STEPS

MAKE TODAY
Awesome

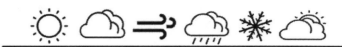

DATE	DAY

SCHEDULE

6 AM	
7 AM	
8 AM	
9 AM	
10 AM	
11 AM	
12 AM	
1 PM	
2 PM	
3 PM	
4 PM	
5 PM	
6 PM	
7 PM	
8 PM	
9 PM	
10 PM	
11 PM	

PRIORITIES

›
›
›

TO DO LIST

⬡
⬡
⬡
⬡
⬡
⬡

NOTES

MOOD

WATER

REMINDERS

IDEAS

GRATITUDE

FITNESS/HEALTH

STEPS

MAKE TODAY
Awesome

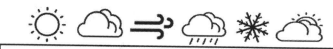

DATE		DAY

SCHEDULE		PRIORITIES

6 AM	❯
7 AM	❯
8 AM	❯

PRIORITIES (above)

9 AM		TO DO LIST
10 AM	⬢
11 AM	⬢
12 AM	⬢
1 PM	⬢
2 PM	⬢
3 PM	⬢

4 PM	NOTES
5 PM	
6 PM	
7 PM	
8 PM	
9 PM	
10 PM	
11 PM	

MOOD 😀 🙂 😐 🙁 😖   **WATER** 🥤🥤🥤🥤🥤🥤🥤🥤

REMINDERS

IDEAS

GRATITUDE

FITNESS/HEALTH

STEPS

MAKE TODAY
Awesome

DATE	DAY

SCHEDULE

6 AM	
7 AM	
8 AM	
9 AM	
10 AM	
11 AM	
12 AM	
1 PM	
2 PM	
3 PM	
4 PM	
5 PM	
6 PM	
7 PM	
8 PM	
9 PM	
10 PM	
11 PM	

PRIORITIES

>
>
>

TO DO LIST

-
-
-
-
-
-

NOTES

MOOD

WATER

REMINDERS

IDEAS

GRATITUDE

FITNESS/HEALTH

STEPS

MAKE TODAY
Awesome

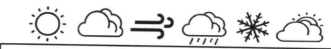

DATE		DAY

SCHEDULE

6 AM	
7 AM	
8 AM	
9 AM	
10 AM	
11 AM	
12 AM	
1 PM	
2 PM	
3 PM	
4 PM	
5 PM	
6 PM	
7 PM	
8 PM	
9 PM	
10 PM	
11 PM	

PRIORITIES

›
›
›

TO DO LIST

NOTES

MOOD

WATER

REMINDERS

IDEAS

GRATITUDE

FITNESS/HEALTH

STEPS

MAKE TODAY
Awesome

DATE	DAY

SCHEDULE

6 AM	
7 AM	
8 AM	
9 AM	
10 AM	
11 AM	
12 AM	
1 PM	
2 PM	
3 PM	
4 PM	
5 PM	
6 PM	
7 PM	
8 PM	
9 PM	
10 PM	
11 PM	

PRIORITIES

❯
❯
❯

TO DO LIST

⬡
⬡
⬡
⬡
⬡
⬡

NOTES

MOOD

WATER

REMINDERS

IDEAS

GRATITUDE

FITNESS/HEALTH

STEPS

MAKE TODAY
Awesome

DATE	DAY

SCHEDULE

6 AM	
7 AM	
8 AM	
9 AM	
10 AM	
11 AM	
12 AM	
1 PM	
2 PM	
3 PM	
4 PM	
5 PM	
6 PM	
7 PM	
8 PM	
9 PM	
10 PM	
11 PM	

PRIORITIES

>
>
>

TO DO LIST

NOTES

MOOD

WATER

REMINDERS

IDEAS

GRATITUDE

FITNESS/HEALTH

STEPS

MAKE TODAY
Awesome

DATE	DAY

SCHEDULE

6 AM	
7 AM	
8 AM	
9 AM	
10 AM	
11 AM	
12 AM	
1 PM	
2 PM	
3 PM	
4 PM	
5 PM	
6 PM	
7 PM	
8 PM	
9 PM	
10 PM	
11 PM	

PRIORITIES

>
>
>

TO DO LIST

⬢
⬢
⬢
⬢
⬢
⬢

NOTES

MOOD

WATER

REMINDERS

IDEAS

GRATITUDE

FITNESS/HEALTH

STEPS

MAKE TODAY
Awesome

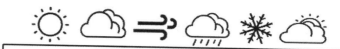

DATE	DAY

SCHEDULE

6 AM	
7 AM	
8 AM	
9 AM	
10 AM	
11 AM	
12 AM	
1 PM	
2 PM	
3 PM	
4 PM	
5 PM	
6 PM	
7 PM	
8 PM	
9 PM	
10 PM	
11 PM	

PRIORITIES

>
>
>

TO DO LIST

-
-
-
-
-
-

NOTES

MOOD

WATER

REMINDERS

IDEAS

GRATITUDE

FITNESS/HEALTH

STEPS

MAKE TODAY
Awesome

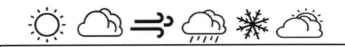

DATE	DAY

SCHEDULE

6 AM
7 AM
8 AM
9 AM
10 AM
11 AM
12 AM
1 PM
2 PM
3 PM
4 PM
5 PM
6 PM
7 PM
8 PM
9 PM
10 PM
11 PM

PRIORITIES

>
>
>

TO DO LIST

- ⬢
- ⬢
- ⬢
- ⬢
- ⬢
- ⬢

NOTES

MOOD

WATER

REMINDERS

IDEAS

GRATITUDE

FITNESS/HEALTH

STEPS

MAKE TODAY
Awesome

DATE	DAY

SCHEDULE

6 AM	
7 AM	
8 AM	
9 AM	
10 AM	
11 AM	
12 AM	
1 PM	
2 PM	
3 PM	
4 PM	
5 PM	
6 PM	
7 PM	
8 PM	
9 PM	
10 PM	
11 PM	

PRIORITIES

>
>
>

TO DO LIST

- ⬡
- ⬡
- ⬡
- ⬡
- ⬡
- ⬡

NOTES

MOOD

WATER

REMINDERS

IDEAS

GRATITUDE

FITNESS/HEALTH

STEPS

MAKE TODAY
Awesome

DATE		DAY

SCHEDULE

6 AM	
7 AM	
8 AM	
9 AM	
10 AM	
11 AM	
12 AM	
1 PM	
2 PM	
3 PM	
4 PM	
5 PM	
6 PM	
7 PM	
8 PM	
9 PM	
10 PM	
11 PM	

PRIORITIES

>
>
>

TO DO LIST

NOTES

MOOD

WATER

REMINDERS

IDEAS

GRATITUDE

FITNESS/HEALTH

STEPS

MAKE TODAY
Awesome

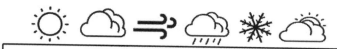

DATE	DAY

SCHEDULE

6 AM	
7 AM	
8 AM	
9 AM	
10 AM	
11 AM	
12 AM	
1 PM	
2 PM	
3 PM	
4 PM	
5 PM	
6 PM	
7 PM	
8 PM	
9 PM	
10 PM	
11 PM	

PRIORITIES

TO DO LIST

NOTES

MOOD

WATER

REMINDERS

IDEAS

GRATITUDE

FITNESS/HEALTH

STEPS

MAKE TODAY
Awesome

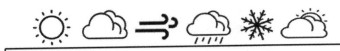

DATE	DAY

SCHEDULE

6 AM	
7 AM	
8 AM	
9 AM	
10 AM	
11 AM	
12 AM	
1 PM	
2 PM	
3 PM	
4 PM	
5 PM	
6 PM	
7 PM	
8 PM	
9 PM	
10 PM	
11 PM	

PRIORITIES

TO DO LIST

NOTES

MOOD

WATER

REMINDERS

IDEAS

GRATITUDE

FITNESS/HEALTH

STEPS

MAKE TODAY
Awesome

DATE		DAY

SCHEDULE

6 AM	
7 AM	
8 AM	
9 AM	
10 AM	
11 AM	
12 AM	
1 PM	
2 PM	
3 PM	
4 PM	
5 PM	
6 PM	
7 PM	
8 PM	
9 PM	
10 PM	
11 PM	

PRIORITIES

›
›
›

TO DO LIST

⬡
⬡
⬡
⬡
⬡
⬡

NOTES

MOOD

WATER

REMINDERS

IDEAS

GRATITUDE

FITNESS/HEALTH

STEPS

MAKE TODAY
Awesome

DATE	DAY

SCHEDULE

6 AM	
7 AM	
8 AM	
9 AM	
10 AM	
11 AM	
12 AM	
1 PM	
2 PM	
3 PM	
4 PM	
5 PM	
6 PM	
7 PM	
8 PM	
9 PM	
10 PM	
11 PM	

PRIORITIES

>
>
>

TO DO LIST

-
-
-
-
-
-

NOTES

MOOD

WATER

REMINDERS

IDEAS

GRATITUDE

FITNESS/HEALTH

STEPS

MAKE TODAY
Awesome

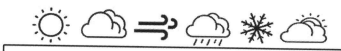

DATE   DAY

SCHEDULE
6 AM
7 AM
8 AM
9 AM
10 AM
11 AM
12 AM
1 PM
2 PM
3 PM
4 PM
5 PM
6 PM
7 PM
8 PM
9 PM
10 PM
11 PM

PRIORITIES

>
>
>

TO DO LIST

-
-
-
-
-
-

NOTES

MOOD

WATER

REMINDERS

IDEAS

GRATITUDE

FITNESS/HEALTH

STEPS

MAKE TODAY
Awesome

DATE		DAY

SCHEDULE

6 AM	
7 AM	
8 AM	
9 AM	
10 AM	
11 AM	
12 AM	
1 PM	
2 PM	
3 PM	
4 PM	
5 PM	
6 PM	
7 PM	
8 PM	
9 PM	
10 PM	
11 PM	

PRIORITIES

- ❯
- ❯
- ❯

TO DO LIST

- ⬢
- ⬢
- ⬢
- ⬢
- ⬢
- ⬢

NOTES

MOOD

WATER

REMINDERS

IDEAS

GRATITUDE

FITNESS/HEALTH

STEPS

MAKE TODAY
Awesome

DATE	DAY

SCHEDULE

6 AM
7 AM
8 AM
9 AM
10 AM
11 AM
12 AM
1 PM
2 PM
3 PM
4 PM
5 PM
6 PM
7 PM
8 PM
9 PM
10 PM
11 PM

PRIORITIES

>
>
>

TO DO LIST

⬡
⬡
⬡
⬡
⬡
⬡

NOTES

MOOD

WATER

REMINDERS

IDEAS

GRATITUDE

FITNESS/HEALTH

STEPS

MAKE TODAY
Awesome

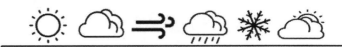

DATE   DAY

SCHEDULE
6 AM
7 AM
8 AM
9 AM
10 AM
11 AM
12 AM
1 PM
2 PM
3 PM
4 PM
5 PM
6 PM
7 PM
8 PM
9 PM
10 PM
11 PM

PRIORITIES

TO DO LIST

NOTES

MOOD

WATER

REMINDERS

IDEAS

GRATITUDE

FITNESS/HEALTH

STEPS

MAKE TODAY
Awesome

DATE	DAY

SCHEDULE

6 AM	
7 AM	
8 AM	
9 AM	
10 AM	
11 AM	
12 AM	
1 PM	
2 PM	
3 PM	
4 PM	
5 PM	
6 PM	
7 PM	
8 PM	
9 PM	
10 PM	
11 PM	

PRIORITIES

>
>
>

TO DO LIST

NOTES

MOOD

WATER

REMINDERS

IDEAS

GRATITUDE

FITNESS/HEALTH

STEPS

MAKE TODAY
Awesome

DATE	DAY

SCHEDULE

6 AM
7 AM
8 AM
9 AM
10 AM
11 AM
12 AM
1 PM
2 PM
3 PM
4 PM
5 PM
6 PM
7 PM
8 PM
9 PM
10 PM
11 PM

PRIORITIES

>
>
>

TO DO LIST

- ⬣
- ⬣
- ⬣
- ⬣
- ⬣
- ⬣

NOTES

MOOD

WATER

REMINDERS

IDEAS

GRATITUDE

FITNESS/HEALTH

STEPS

MAKE TODAY
Awesome

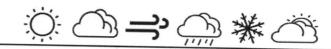

DATE	DAY

SCHEDULE

6 AM	
7 AM	
8 AM	
9 AM	
10 AM	
11 AM	
12 AM	
1 PM	
2 PM	
3 PM	
4 PM	
5 PM	
6 PM	
7 PM	
8 PM	
9 PM	
10 PM	
11 PM	

PRIORITIES

›
›
›

TO DO LIST

NOTES

MOOD

WATER

REMINDERS

IDEAS

GRATITUDE

FITNESS/HEALTH

STEPS

MAKE TODAY
Awesome

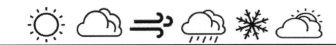

DATE		DAY

SCHEDULE

6 AM	
7 AM	
8 AM	
9 AM	
10 AM	
11 AM	
12 AM	
1 PM	
2 PM	
3 PM	
4 PM	
5 PM	
6 PM	
7 PM	
8 PM	
9 PM	
10 PM	
11 PM	

PRIORITIES

>
>
>

TO DO LIST

- ⬢
- ⬢
- ⬢
- ⬢
- ⬢
- ⬢

NOTES

MOOD

WATER

REMINDERS

IDEAS

GRATITUDE

FITNESS/HEALTH

STEPS

MAKE TODAY
Awesome

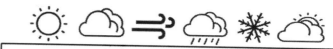

DATE	DAY

SCHEDULE

6 AM	
7 AM	
8 AM	
9 AM	
10 AM	
11 AM	
12 AM	
1 PM	
2 PM	
3 PM	
4 PM	
5 PM	
6 PM	
7 PM	
8 PM	
9 PM	
10 PM	
11 PM	

PRIORITIES

›
›
›

TO DO LIST

NOTES

MOOD

WATER

REMINDERS

IDEAS

GRATITUDE

FITNESS/HEALTH

STEPS

MAKE TODAY
Awesome

DATE	DAY

SCHEDULE

6 AM
7 AM
8 AM
9 AM
10 AM
11 AM
12 AM
1 PM
2 PM
3 PM
4 PM
5 PM
6 PM
7 PM
8 PM
9 PM
10 PM
11 PM

PRIORITIES

TO DO LIST

NOTES

MOOD

WATER

REMINDERS

IDEAS

GRATITUDE

FITNESS/HEALTH

STEPS

MAKE TODAY
Awesome

DATE	DAY

SCHEDULE

6 AM	
7 AM	
8 AM	
9 AM	
10 AM	
11 AM	
12 AM	
1 PM	
2 PM	
3 PM	
4 PM	
5 PM	
6 PM	
7 PM	
8 PM	
9 PM	
10 PM	
11 PM	

PRIORITIES

>
>
>

TO DO LIST

-
-
-
-
-
-

NOTES

MOOD

WATER

REMINDERS

IDEAS

GRATITUDE

FITNESS/HEALTH

STEPS

MAKE TODAY
Awesome

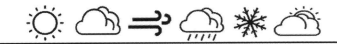

DATE	DAY

SCHEDULE

6 AM	
7 AM	
8 AM	
9 AM	
10 AM	
11 AM	
12 AM	
1 PM	
2 PM	
3 PM	
4 PM	
5 PM	
6 PM	
7 PM	
8 PM	
9 PM	
10 PM	
11 PM	

PRIORITIES

>
>
>

TO DO LIST

-
-
-
-
-
-

NOTES

MOOD

WATER

REMINDERS

IDEAS

GRATITUDE

FITNESS/HEALTH

STEPS

MAKE TODAY
Awesome

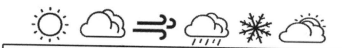

DATE	DAY

SCHEDULE

6 AM	
7 AM	
8 AM	
9 AM	
10 AM	
11 AM	
12 AM	
1 PM	
2 PM	
3 PM	
4 PM	
5 PM	
6 PM	
7 PM	
8 PM	
9 PM	
10 PM	
11 PM	

PRIORITIES

>
>
>

TO DO LIST

⬢
⬢
⬢
⬢
⬢
⬢

NOTES

MOOD

WATER

REMINDERS

IDEAS

GRATITUDE

FITNESS/HEALTH

STEPS

MAKE TODAY Awesome

DATE	DAY

SCHEDULE

6 AM	
7 AM	
8 AM	
9 AM	
10 AM	
11 AM	
12 AM	
1 PM	
2 PM	
3 PM	
4 PM	
5 PM	
6 PM	
7 PM	
8 PM	
9 PM	
10 PM	
11 PM	

PRIORITIES

>
>
>

TO DO LIST

NOTES

MOOD

WATER

REMINDERS

IDEAS

GRATITUDE

FITNESS/HEALTH

STEPS

MAKE TODAY
Awesome

DATE	DAY

SCHEDULE

6 AM	
7 AM	
8 AM	
9 AM	
10 AM	
11 AM	
12 AM	
1 PM	
2 PM	
3 PM	
4 PM	
5 PM	
6 PM	
7 PM	
8 PM	
9 PM	
10 PM	
11 PM	

PRIORITIES

❯
❯
❯

TO DO LIST

⬢
⬢
⬢
⬢
⬢
⬢

NOTES

MOOD

WATER

REMINDERS

IDEAS

GRATITUDE

FITNESS/HEALTH

STEPS

MAKE TODAY
Awesome

DATE	DAY

SCHEDULE

6 AM	
7 AM	
8 AM	
9 AM	
10 AM	
11 AM	
12 AM	
1 PM	
2 PM	
3 PM	
4 PM	
5 PM	
6 PM	
7 PM	
8 PM	
9 PM	
10 PM	
11 PM	

PRIORITIES

›
›
›

TO DO LIST

NOTES

MOOD

WATER

REMINDERS

IDEAS

GRATITUDE

FITNESS/HEALTH

STEPS

MAKE TODAY
Awesome

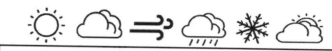

DATE	DAY

SCHEDULE

6 AM	
7 AM	
8 AM	
9 AM	
10 AM	
11 AM	
12 AM	
1 PM	
2 PM	
3 PM	
4 PM	
5 PM	
6 PM	
7 PM	
8 PM	
9 PM	
10 PM	
11 PM	

PRIORITIES

>
>
>

TO DO LIST

-
-
-
-
-
-

NOTES

MOOD

WATER

REMINDERS

IDEAS

GRATITUDE

FITNESS/HEALTH

STEPS

MAKE TODAY
Awesome

DATE	DAY

SCHEDULE

6 AM
7 AM
8 AM
9 AM
10 AM
11 AM
12 AM
1 PM
2 PM
3 PM
4 PM
5 PM
6 PM
7 PM
8 PM
9 PM
10 PM
11 PM

PRIORITIES

TO DO LIST

NOTES

MOOD

WATER

REMINDERS

IDEAS

GRATITUDE

FITNESS/HEALTH

STEPS

MAKE TODAY
Awesome

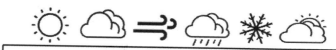

DATE	DAY

SCHEDULE

6 AM	
7 AM	
8 AM	
9 AM	
10 AM	
11 AM	
12 AM	
1 PM	
2 PM	
3 PM	
4 PM	
5 PM	
6 PM	
7 PM	
8 PM	
9 PM	
10 PM	
11 PM	

PRIORITIES

>
>
>

TO DO LIST

NOTES

MOOD

WATER

REMINDERS

IDEAS

GRATITUDE

FITNESS/HEALTH

STEPS

MAKE TODAY
Awesome

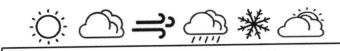

DATE	DAY

SCHEDULE

6 AM	
7 AM	
8 AM	
9 AM	
10 AM	
11 AM	
12 AM	
1 PM	
2 PM	
3 PM	
4 PM	
5 PM	
6 PM	
7 PM	
8 PM	
9 PM	
10 PM	
11 PM	

PRIORITIES

TO DO LIST

NOTES

MOOD

WATER

REMINDERS

IDEAS

GRATITUDE

FITNESS/HEALTH

STEPS

MAKE TODAY
Awesome

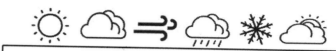

DATE	DAY

SCHEDULE

6 AM	
7 AM	
8 AM	
9 AM	
10 AM	
11 AM	
12 AM	
1 PM	
2 PM	
3 PM	
4 PM	
5 PM	
6 PM	
7 PM	
8 PM	
9 PM	
10 PM	
11 PM	

PRIORITIES

TO DO LIST

NOTES

MOOD

WATER

REMINDERS

IDEAS

GRATITUDE

FITNESS/HEALTH

STEPS

MAKE TODAY
Awesome

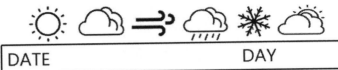

DATE   DAY

SCHEDULE
6 AM
7 AM
8 AM
9 AM
10 AM
11 AM
12 AM
1 PM
2 PM
3 PM
4 PM
5 PM
6 PM
7 PM
8 PM
9 PM
10 PM
11 PM

PRIORITIES

>
>
>

TO DO LIST

-
-
-
-
-
-

NOTES

MOOD

WATER

REMINDERS

IDEAS

GRATITUDE

FITNESS/HEALTH

STEPS

MAKE TODAY
Awesome

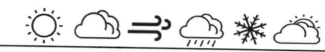

DATE	DAY

SCHEDULE

6 AM	
7 AM	
8 AM	
9 AM	
10 AM	
11 AM	
12 AM	
1 PM	
2 PM	
3 PM	
4 PM	
5 PM	
6 PM	
7 PM	
8 PM	
9 PM	
10 PM	
11 PM	

PRIORITIES

>
>
>

TO DO LIST

NOTES

MOOD

WATER

REMINDERS

IDEAS

GRATITUDE

FITNESS/HEALTH

STEPS

MAKE TODAY
Awesome

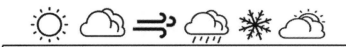

DATE	DAY

SCHEDULE

6 AM	
7 AM	
8 AM	
9 AM	
10 AM	
11 AM	
12 AM	
1 PM	
2 PM	
3 PM	
4 PM	
5 PM	
6 PM	
7 PM	
8 PM	
9 PM	
10 PM	
11 PM	

PRIORITIES

>
>
>

TO DO LIST

-
-
-
-
-
-

NOTES

MOOD

WATER

REMINDERS

IDEAS

GRATITUDE

FITNESS/HEALTH

STEPS

MAKE TODAY
Awesome

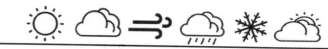

DATE		DAY

SCHEDULE

6 AM	
7 AM	
8 AM	
9 AM	
10 AM	
11 AM	
12 AM	
1 PM	
2 PM	
3 PM	
4 PM	
5 PM	
6 PM	
7 PM	
8 PM	
9 PM	
10 PM	
11 PM	

PRIORITIES

>
>
>

TO DO LIST

-
-
-
-
-
-

NOTES

MOOD

WATER

REMINDERS

IDEAS

GRATITUDE

FITNESS/HEALTH

STEPS

MAKE TODAY
Awesome

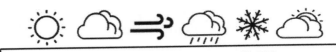

DATE	DAY

SCHEDULE

6 AM	
7 AM	
8 AM	
9 AM	
10 AM	
11 AM	
12 AM	
1 PM	
2 PM	
3 PM	
4 PM	
5 PM	
6 PM	
7 PM	
8 PM	
9 PM	
10 PM	
11 PM	

PRIORITIES

❯
❯
❯

TO DO LIST

⬢
⬢
⬢
⬢
⬢
⬢

NOTES

MOOD

WATER

REMINDERS

IDEAS

GRATITUDE

FITNESS/HEALTH

STEPS

MAKE TODAY
Awesome

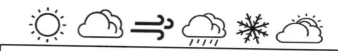

DATE	DAY

SCHEDULE

6 AM	
7 AM	
8 AM	
9 AM	
10 AM	
11 AM	
12 AM	
1 PM	
2 PM	
3 PM	
4 PM	
5 PM	
6 PM	
7 PM	
8 PM	
9 PM	
10 PM	
11 PM	

PRIORITIES

>
>
>

TO DO LIST

⬡
⬡
⬡
⬡
⬡
⬡

NOTES

MOOD

WATER

REMINDERS

IDEAS

GRATITUDE

FITNESS/HEALTH

STEPS

MAKE TODAY
Awesome

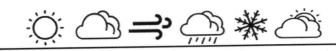

DATE	DAY

SCHEDULE

6 AM	
7 AM	
8 AM	
9 AM	
10 AM	
11 AM	
12 AM	
1 PM	
2 PM	
3 PM	
4 PM	
5 PM	
6 PM	
7 PM	
8 PM	
9 PM	
10 PM	
11 PM	

PRIORITIES

›
›
›

TO DO LIST

NOTES

MOOD

WATER

REMINDERS

IDEAS

GRATITUDE

FITNESS/HEALTH

STEPS

MAKE TODAY
Awesome

DATE	DAY

SCHEDULE
6 AM
7 AM
8 AM
9 AM
10 AM
11 AM
12 AM
1 PM
2 PM
3 PM
4 PM
5 PM
6 PM
7 PM
8 PM
9 PM
10 PM
11 PM

PRIORITIES
>
>
>

TO DO LIST
-
-
-
-
-
-

NOTES

MOOD

WATER

REMINDERS

IDEAS

GRATITUDE

FITNESS/HEALTH

STEPS

MAKE TODAY
Awesome

DATE	DAY

SCHEDULE
6 AM
7 AM
8 AM
9 AM
10 AM
11 AM
12 AM
1 PM
2 PM
3 PM
4 PM
5 PM
6 PM
7 PM
8 PM
9 PM
10 PM
11 PM

PRIORITIES
›
›
›

TO DO LIST
⬡
⬡
⬡
⬡
⬡
⬡

NOTES

MOOD

WATER

REMINDERS

IDEAS

GRATITUDE

FITNESS/HEALTH

STEPS

MAKE TODAY
Awesome

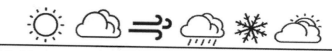

DATE	DAY

SCHEDULE

6 AM	
7 AM	
8 AM	
9 AM	
10 AM	
11 AM	
12 AM	
1 PM	
2 PM	
3 PM	
4 PM	
5 PM	
6 PM	
7 PM	
8 PM	
9 PM	
10 PM	
11 PM	

PRIORITIES

>
>
>

TO DO LIST

⬢
⬢
⬢
⬢
⬢
⬢

NOTES

MOOD

WATER

REMINDERS

IDEAS

GRATITUDE

FITNESS/HEALTH

STEPS

MAKE TODAY
Awesome

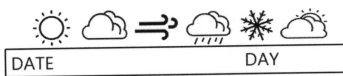

DATE	DAY

SCHEDULE

6 AM	
7 AM	
8 AM	
9 AM	
10 AM	
11 AM	
12 AM	
1 PM	
2 PM	
3 PM	
4 PM	
5 PM	
6 PM	
7 PM	
8 PM	
9 PM	
10 PM	
11 PM	

PRIORITIES

❯
❯
❯

TO DO LIST

⬢
⬢
⬢
⬢
⬢
⬢

NOTES

MOOD

WATER

REMINDERS

IDEAS

GRATITUDE

FITNESS/HEALTH

STEPS

MAKE TODAY
Awesome

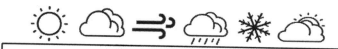

DATE		DAY

SCHEDULE

6 AM	
7 AM	
8 AM	
9 AM	
10 AM	
11 AM	
12 AM	
1 PM	
2 PM	
3 PM	
4 PM	
5 PM	
6 PM	
7 PM	
8 PM	
9 PM	
10 PM	
11 PM	

PRIORITIES

>
>
>

TO DO LIST

NOTES

MOOD

WATER

REMINDERS

IDEAS

GRATITUDE

FITNESS/HEALTH

STEPS

MAKE TODAY
Awesome

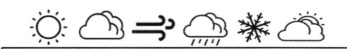

DATE	DAY

SCHEDULE

6 AM	
7 AM	
8 AM	
9 AM	
10 AM	
11 AM	
12 AM	
1 PM	
2 PM	
3 PM	
4 PM	
5 PM	
6 PM	
7 PM	
8 PM	
9 PM	
10 PM	
11 PM	

PRIORITIES

>
>
>

TO DO LIST

-
-
-
-
-
-

NOTES

MOOD

WATER

REMINDERS

IDEAS

GRATITUDE

FITNESS/HEALTH

STEPS

MAKE TODAY
Awesome

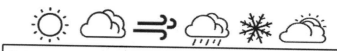

DATE		DAY

SCHEDULE

6 AM	
7 AM	
8 AM	
9 AM	
10 AM	
11 AM	
12 AM	
1 PM	
2 PM	
3 PM	
4 PM	
5 PM	
6 PM	
7 PM	
8 PM	
9 PM	
10 PM	
11 PM	

PRIORITIES

>
>
>

TO DO LIST

⬡
⬡
⬡
⬡
⬡
⬡

NOTES

MOOD

WATER

REMINDERS

IDEAS

GRATITUDE

FITNESS/HEALTH

STEPS

MAKE TODAY
Awesome

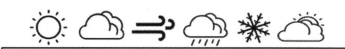

DATE	DAY

SCHEDULE

6 AM	
7 AM	
8 AM	
9 AM	
10 AM	
11 AM	
12 AM	
1 PM	
2 PM	
3 PM	
4 PM	
5 PM	
6 PM	
7 PM	
8 PM	
9 PM	
10 PM	
11 PM	

PRIORITIES

➤
➤
➤

TO DO LIST

⬡
⬡
⬡
⬡
⬡
⬡

NOTES

MOOD

WATER

REMINDERS

IDEAS

GRATITUDE

FITNESS/HEALTH

STEPS

MAKE TODAY
Awesome

DATE		DAY

SCHEDULE

6 AM	
7 AM	
8 AM	
9 AM	
10 AM	
11 AM	
12 AM	
1 PM	
2 PM	
3 PM	
4 PM	
5 PM	
6 PM	
7 PM	
8 PM	
9 PM	
10 PM	
11 PM	

PRIORITIES

TO DO LIST

NOTES

MOOD

WATER

REMINDERS

IDEAS

GRATITUDE

FITNESS/HEALTH

STEPS

MAKE TODAY
Awesome

DATE		DAY

SCHEDULE
6 AM
7 AM
8 AM
9 AM
10 AM
11 AM
12 AM
1 PM
2 PM
3 PM
4 PM
5 PM
6 PM
7 PM
8 PM
9 PM
10 PM
11 PM

PRIORITIES

>
>
>

TO DO LIST

⬢
⬢
⬢
⬢
⬢
⬢

NOTES

MOOD

WATER

REMINDERS

IDEAS

GRATITUDE

FITNESS/HEALTH

STEPS

MAKE TODAY
Awesome

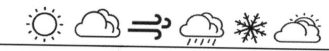

DATE	DAY

SCHEDULE

6 AM	
7 AM	
8 AM	
9 AM	
10 AM	
11 AM	
12 AM	
1 PM	
2 PM	
3 PM	
4 PM	
5 PM	
6 PM	
7 PM	
8 PM	
9 PM	
10 PM	
11 PM	

PRIORITIES

>
>
>

TO DO LIST

-
-
-
-
-
-

NOTES

MOOD

WATER

REMINDERS

IDEAS

GRATITUDE

FITNESS/HEALTH

STEPS

MAKE TODAY
Awesome

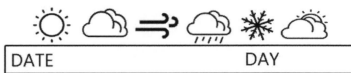

DATE	DAY

SCHEDULE

6 AM
7 AM
8 AM
9 AM
10 AM
11 AM
12 AM
1 PM
2 PM
3 PM
4 PM
5 PM
6 PM
7 PM
8 PM
9 PM
10 PM
11 PM

PRIORITIES

TO DO LIST

NOTES

MOOD

WATER

REMINDERS

IDEAS

GRATITUDE

FITNESS/HEALTH

STEPS

MAKE TODAY
Awesome

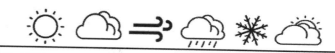

DATE	DAY

SCHEDULE

6 AM	
7 AM	
8 AM	
9 AM	
10 AM	
11 AM	
12 AM	
1 PM	
2 PM	
3 PM	
4 PM	
5 PM	
6 PM	
7 PM	
8 PM	
9 PM	
10 PM	
11 PM	

PRIORITIES

>
>
>

TO DO LIST

-
-
-
-
-
-

NOTES

MOOD

WATER

REMINDERS

IDEAS

GRATITUDE

FITNESS/HEALTH

STEPS

MAKE TODAY
Awesome

DATE	DAY

SCHEDULE

6 AM
7 AM
8 AM
9 AM
10 AM
11 AM
12 AM
1 PM
2 PM
3 PM
4 PM
5 PM
6 PM
7 PM
8 PM
9 PM
10 PM
11 PM

PRIORITIES

❭
❭
❭

TO DO LIST

⬢
⬢
⬢
⬢
⬢
⬢

NOTES

MOOD

WATER

REMINDERS

IDEAS

GRATITUDE

FITNESS/HEALTH

STEPS

MAKE TODAY
Awesome

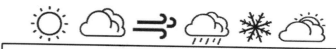

DATE		DAY

SCHEDULE

6 AM
7 AM
8 AM
9 AM
10 AM
11 AM
12 AM
1 PM
2 PM
3 PM
4 PM
5 PM
6 PM
7 PM
8 PM
9 PM
10 PM
11 PM

PRIORITIES

›
›
›

TO DO LIST

⬢
⬢
⬢
⬢
⬢
⬢

NOTES

MOOD

WATER

REMINDERS

IDEAS

GRATITUDE

FITNESS/HEALTH

STEPS

MAKE TODAY
Awesome

DATE	DAY

SCHEDULE

6 AM
7 AM
8 AM
9 AM
10 AM
11 AM
12 AM
1 PM
2 PM
3 PM
4 PM
5 PM
6 PM
7 PM
8 PM
9 PM
10 PM
11 PM

PRIORITIES

>
>
>

TO DO LIST

- ⬡
- ⬡
- ⬡
- ⬡
- ⬡
- ⬡

NOTES

MOOD

WATER

REMINDERS

IDEAS

GRATITUDE

FITNESS/HEALTH

STEPS

MAKE TODAY
Awesome

DATE		DAY	

SCHEDULE	PRIORITIES

SCHEDULE		PRIORITIES
6 AM		❯
7 AM		❯
8 AM		❯
9 AM		**TO DO LIST**
10 AM		⬡
11 AM		⬡
12 AM		⬡
1 PM		⬡
2 PM		⬡
3 PM		⬡
4 PM		**NOTES**
5 PM		
6 PM		
7 PM		
8 PM		
9 PM		
10 PM		
11 PM		

MOOD

WATER

REMINDERS

IDEAS

GRATITUDE

FITNESS/HEALTH

STEPS

MAKE TODAY
Awesome

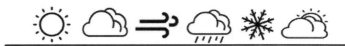

DATE	DAY

SCHEDULE		PRIORITIES

SCHEDULE

6 AM	
7 AM	
8 AM	
9 AM	
10 AM	
11 AM	
12 AM	
1 PM	
2 PM	
3 PM	
4 PM	
5 PM	
6 PM	
7 PM	
8 PM	
9 PM	
10 PM	
11 PM	

PRIORITIES

>
>
>

TO DO LIST

-
-
-
-
-
-

NOTES

MOOD

WATER

REMINDERS

IDEAS

GRATITUDE

FITNESS/HEALTH

STEPS

MAKE TODAY
Awesome

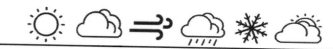

DATE	DAY

SCHEDULE

6 AM	
7 AM	
8 AM	
9 AM	
10 AM	
11 AM	
12 AM	
1 PM	
2 PM	
3 PM	
4 PM	
5 PM	
6 PM	
7 PM	
8 PM	
9 PM	
10 PM	
11 PM	

PRIORITIES

TO DO LIST

NOTES

MOOD

WATER

REMINDERS

IDEAS

GRATITUDE

FITNESS/HEALTH

STEPS

MAKE TODAY
Awesome

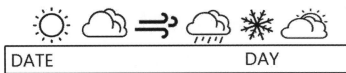

DATE	DAY

SCHEDULE

6 AM	
7 AM	
8 AM	
9 AM	
10 AM	
11 AM	
12 AM	
1 PM	
2 PM	
3 PM	
4 PM	
5 PM	
6 PM	
7 PM	
8 PM	
9 PM	
10 PM	
11 PM	

PRIORITIES

>
>
>

TO DO LIST

⬡
⬡
⬡
⬡
⬡
⬡

NOTES

MOOD

WATER

REMINDERS

IDEAS

GRATITUDE

FITNESS/HEALTH

STEPS

MAKE TODAY
Awesome

DATE		DAY

SCHEDULE

6 AM	
7 AM	
8 AM	
9 AM	
10 AM	
11 AM	
12 AM	
1 PM	
2 PM	
3 PM	
4 PM	
5 PM	
6 PM	
7 PM	
8 PM	
9 PM	
10 PM	
11 PM	

PRIORITIES

>
>
>

TO DO LIST

- ⬢
- ⬢
- ⬢
- ⬢
- ⬢
- ⬢

NOTES

MOOD

WATER

REMINDERS

IDEAS

GRATITUDE

FITNESS/HEALTH

STEPS

MAKE TODAY
Awesome

DATE		DAY	

SCHEDULE

6 AM	
7 AM	
8 AM	
9 AM	
10 AM	
11 AM	
12 AM	
1 PM	
2 PM	
3 PM	
4 PM	
5 PM	
6 PM	
7 PM	
8 PM	
9 PM	
10 PM	
11 PM	

PRIORITIES

›
›
›

TO DO LIST

⬡
⬡
⬡
⬡
⬡
⬡

NOTES

MOOD

WATER

REMINDERS

IDEAS

GRATITUDE

FITNESS/HEALTH

STEPS

MAKE TODAY
Awesome

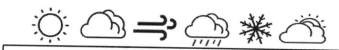

DATE	DAY

SCHEDULE

6 AM	
7 AM	
8 AM	
9 AM	
10 AM	
11 AM	
12 AM	
1 PM	
2 PM	
3 PM	
4 PM	
5 PM	
6 PM	
7 PM	
8 PM	
9 PM	
10 PM	
11 PM	

PRIORITIES

>
>
>

TO DO LIST

- ⬡
- ⬡
- ⬡
- ⬡
- ⬡
- ⬡

NOTES

MOOD

WATER

REMINDERS

IDEAS

GRATITUDE

FITNESS/HEALTH

STEPS

MAKE TODAY
Awesome

DATE	DAY

SCHEDULE

6 AM	
7 AM	
8 AM	
9 AM	
10 AM	
11 AM	
12 AM	
1 PM	
2 PM	
3 PM	
4 PM	
5 PM	
6 PM	
7 PM	
8 PM	
9 PM	
10 PM	
11 PM	

PRIORITIES

-
-
-

TO DO LIST

-
-
-
-
-
-

NOTES

MOOD

WATER

REMINDERS

IDEAS

GRATITUDE

FITNESS/HEALTH

STEPS

MAKE TODAY
Awesome

| DATE | | DAY |

SCHEDULE

6 AM	
7 AM	
8 AM	
9 AM	
10 AM	
11 AM	
12 AM	
1 PM	
2 PM	
3 PM	
4 PM	
5 PM	
6 PM	
7 PM	
8 PM	
9 PM	
10 PM	
11 PM	

PRIORITIES

TO DO LIST

NOTES

MOOD

WATER

REMINDERS

IDEAS

GRATITUDE

FITNESS/HEALTH

STEPS

MAKE TODAY
Awesome

DATE	DAY

SCHEDULE

6 AM	
7 AM	
8 AM	
9 AM	
10 AM	
11 AM	
12 AM	
1 PM	
2 PM	
3 PM	
4 PM	
5 PM	
6 PM	
7 PM	
8 PM	
9 PM	
10 PM	
11 PM	

PRIORITIES

>
>
>

TO DO LIST

- ⬢
- ⬢
- ⬢
- ⬢
- ⬢
- ⬢

NOTES

MOOD

WATER

REMINDERS

IDEAS

GRATITUDE

FITNESS/HEALTH

STEPS

MAKE TODAY
Awesome

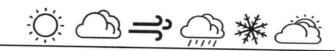

DATE	DAY

SCHEDULE

6 AM	
7 AM	
8 AM	
9 AM	
10 AM	
11 AM	
12 AM	
1 PM	
2 PM	
3 PM	
4 PM	
5 PM	
6 PM	
7 PM	
8 PM	
9 PM	
10 PM	
11 PM	

PRIORITIES

>
>
>

TO DO LIST

NOTES

MOOD

WATER

REMINDERS

IDEAS

GRATITUDE

FITNESS/HEALTH

STEPS

MAKE TODAY
Awesome

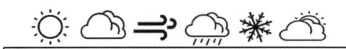

DATE	DAY

SCHEDULE

6 AM	
7 AM	
8 AM	
9 AM	
10 AM	
11 AM	
12 AM	
1 PM	
2 PM	
3 PM	
4 PM	
5 PM	
6 PM	
7 PM	
8 PM	
9 PM	
10 PM	
11 PM	

PRIORITIES

>
>
>

TO DO LIST

⬢
⬢
⬢
⬢
⬢
⬢

NOTES

MOOD

WATER

REMINDERS

IDEAS

GRATITUDE

FITNESS/HEALTH

STEPS

MAKE TODAY
Awesome

DATE		DAY

SCHEDULE

6 AM	
7 AM	
8 AM	
9 AM	
10 AM	
11 AM	
12 AM	
1 PM	
2 PM	
3 PM	
4 PM	
5 PM	
6 PM	
7 PM	
8 PM	
9 PM	
10 PM	
11 PM	

PRIORITIES

>

>

>

TO DO LIST

NOTES

MOOD

WATER

REMINDERS

IDEAS

GRATITUDE

FITNESS/HEALTH

STEPS

MAKE TODAY
Awesome

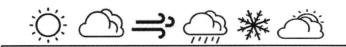

DATE	DAY

SCHEDULE

6 AM	
7 AM	
8 AM	
9 AM	
10 AM	
11 AM	
12 AM	
1 PM	
2 PM	
3 PM	
4 PM	
5 PM	
6 PM	
7 PM	
8 PM	
9 PM	
10 PM	
11 PM	

PRIORITIES

>
>
>

TO DO LIST

⬢
⬢
⬢
⬢
⬢
⬢

NOTES

MOOD

WATER

REMINDERS

IDEAS

GRATITUDE

FITNESS/HEALTH

STEPS

MAKE TODAY
Awesome

DATE	DAY

SCHEDULE

6 AM	
7 AM	
8 AM	
9 AM	
10 AM	
11 AM	
12 AM	
1 PM	
2 PM	
3 PM	
4 PM	
5 PM	
6 PM	
7 PM	
8 PM	
9 PM	
10 PM	
11 PM	

PRIORITIES

>
>
>

TO DO LIST

NOTES

MOOD

WATER

REMINDERS

IDEAS

GRATITUDE

FITNESS/HEALTH

STEPS

MAKE TODAY
Awesome

DATE	DAY

SCHEDULE

6 AM
7 AM
8 AM
9 AM
10 AM
11 AM
12 AM
1 PM
2 PM
3 PM
4 PM
5 PM
6 PM
7 PM
8 PM
9 PM
10 PM
11 PM

PRIORITIES

>
>
>

TO DO LIST

-
-
-
-
-
-

NOTES

MOOD

WATER

REMINDERS

IDEAS

GRATITUDE

FITNESS/HEALTH

STEPS

MAKE TODAY Awesome

DATE	DAY

SCHEDULE

6 AM	
7 AM	
8 AM	
9 AM	
10 AM	
11 AM	
12 AM	
1 PM	
2 PM	
3 PM	
4 PM	
5 PM	
6 PM	
7 PM	
8 PM	
9 PM	
10 PM	
11 PM	

PRIORITIES

>
>
>

TO DO LIST

- ⬢
- ⬢
- ⬢
- ⬢
- ⬢
- ⬢

NOTES

MOOD

WATER

REMINDERS

IDEAS

GRATITUDE

FITNESS/HEALTH

STEPS

MAKE TODAY
Awesome

DATE	DAY

SCHEDULE

6 AM	
7 AM	
8 AM	
9 AM	
10 AM	
11 AM	
12 AM	
1 PM	
2 PM	
3 PM	
4 PM	
5 PM	
6 PM	
7 PM	
8 PM	
9 PM	
10 PM	
11 PM	

PRIORITIES

>
>
>

TO DO LIST

⬡
⬡
⬡
⬡
⬡
⬡

NOTES

MOOD

WATER

REMINDERS

IDEAS

GRATITUDE

FITNESS/HEALTH

STEPS

MAKE TODAY
Awesome

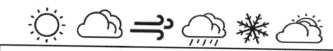

DATE	DAY

SCHEDULE

6 AM	
7 AM	
8 AM	
9 AM	
10 AM	
11 AM	
12 AM	
1 PM	
2 PM	
3 PM	
4 PM	
5 PM	
6 PM	
7 PM	
8 PM	
9 PM	
10 PM	
11 PM	

PRIORITIES

>
>
>

TO DO LIST

⬡
⬡
⬡
⬡
⬡
⬡

NOTES

MOOD

WATER

REMINDERS

IDEAS

GRATITUDE

FITNESS/HEALTH

STEPS

MAKE TODAY
Awesome

DATE	DAY

SCHEDULE

6 AM	
7 AM	
8 AM	
9 AM	
10 AM	
11 AM	
12 AM	
1 PM	
2 PM	
3 PM	
4 PM	
5 PM	
6 PM	
7 PM	
8 PM	
9 PM	
10 PM	
11 PM	

PRIORITIES

- ❯
- ❯
- ❯

TO DO LIST

- ⬡
- ⬡
- ⬡
- ⬡
- ⬡
- ⬡

NOTES

MOOD

WATER

REMINDERS

IDEAS

GRATITUDE

FITNESS/HEALTH

STEPS

MAKE TODAY
Awesome

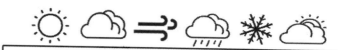

DATE		DAY

SCHEDULE

6 AM	
7 AM	
8 AM	
9 AM	
10 AM	
11 AM	
12 AM	
1 PM	
2 PM	
3 PM	
4 PM	
5 PM	
6 PM	
7 PM	
8 PM	
9 PM	
10 PM	
11 PM	

PRIORITIES

- ❯
- ❯
- ❯

TO DO LIST

- ⬢
- ⬢
- ⬢
- ⬢
- ⬢
- ⬢

NOTES

MOOD

WATER

REMINDERS

IDEAS

GRATITUDE

FITNESS/HEALTH

STEPS

MAKE TODAY
Awesome

DATE _____ DAY _____

SCHEDULE
6 AM
7 AM
8 AM
9 AM
10 AM
11 AM
12 AM
1 PM
2 PM
3 PM
4 PM
5 PM
6 PM
7 PM
8 PM
9 PM
10 PM
11 PM

PRIORITIES
>
>
>

TO DO LIST
◆
◆
◆
◆
◆
◆

NOTES

MOOD

WATER

REMINDERS

IDEAS

GRATITUDE

FITNESS/HEALTH

STEPS

MAKE TODAY
Awesome

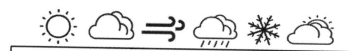

DATE	DAY

SCHEDULE

6 AM	
7 AM	
8 AM	
9 AM	
10 AM	
11 AM	
12 AM	
1 PM	
2 PM	
3 PM	
4 PM	
5 PM	
6 PM	
7 PM	
8 PM	
9 PM	
10 PM	
11 PM	

PRIORITIES

>
>
>

TO DO LIST

⬡
⬡
⬡
⬡
⬡
⬡

NOTES

MOOD

WATER

REMINDERS

IDEAS

GRATITUDE

FITNESS/HEALTH

STEPS

MAKE TODAY
Awesome

DATE	DAY

SCHEDULE
6 AM
7 AM
8 AM
9 AM
10 AM
11 AM
12 AM
1 PM
2 PM
3 PM
4 PM
5 PM
6 PM
7 PM
8 PM
9 PM
10 PM
11 PM

PRIORITIES

>
>
>

TO DO LIST

-
-
-
-
-
-

NOTES

MOOD

WATER

REMINDERS

IDEAS

GRATITUDE

FITNESS/HEALTH

STEPS

MAKE TODAY
Awesome

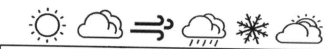

DATE		DAY

SCHEDULE

6 AM	
7 AM	
8 AM	
9 AM	
10 AM	
11 AM	
12 AM	
1 PM	
2 PM	
3 PM	
4 PM	
5 PM	
6 PM	
7 PM	
8 PM	
9 PM	
10 PM	
11 PM	

PRIORITIES

❯
❯
❯

TO DO LIST

⬡
⬡
⬡
⬡
⬡
⬡

NOTES

MOOD

WATER

REMINDERS

IDEAS

GRATITUDE

FITNESS/HEALTH

STEPS

MAKE TODAY
Awesome

DATE		DAY

SCHEDULE

6 AM	
7 AM	
8 AM	
9 AM	
10 AM	
11 AM	
12 AM	
1 PM	
2 PM	
3 PM	
4 PM	
5 PM	
6 PM	
7 PM	
8 PM	
9 PM	
10 PM	
11 PM	

PRIORITIES

➤
➤
➤

TO DO LIST

⬡
⬡
⬡
⬡
⬡
⬡

NOTES

MOOD

WATER

REMINDERS

IDEAS

GRATITUDE

FITNESS/HEALTH

STEPS

MAKE TODAY
Awesome

DATE	DAY

SCHEDULE

6 AM	
7 AM	
8 AM	
9 AM	
10 AM	
11 AM	
12 AM	
1 PM	
2 PM	
3 PM	
4 PM	
5 PM	
6 PM	
7 PM	
8 PM	
9 PM	
10 PM	
11 PM	

PRIORITIES

>
>
>

TO DO LIST

- ⬢
- ⬢
- ⬢
- ⬢
- ⬢
- ⬢

NOTES

MOOD

WATER

REMINDERS

IDEAS

GRATITUDE

FITNESS/HEALTH

STEPS

MAKE TODAY
Awesome

DATE	DAY

SCHEDULE

6 AM	
7 AM	
8 AM	
9 AM	
10 AM	
11 AM	
12 AM	
1 PM	
2 PM	
3 PM	
4 PM	
5 PM	
6 PM	
7 PM	
8 PM	
9 PM	
10 PM	
11 PM	

PRIORITIES

>
>
>

TO DO LIST

-
-
-
-
-
-

NOTES

MOOD

WATER

REMINDERS

IDEAS

GRATITUDE

FITNESS/HEALTH

STEPS

MAKE TODAY
Awesome

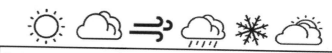

DATE	DAY

SCHEDULE

6 AM	
7 AM	
8 AM	
9 AM	
10 AM	
11 AM	
12 AM	
1 PM	
2 PM	
3 PM	
4 PM	
5 PM	
6 PM	
7 PM	
8 PM	
9 PM	
10 PM	
11 PM	

PRIORITIES

>
>
>

TO DO LIST

-
-
-
-
-
-

NOTES

MOOD

WATER

REMINDERS

IDEAS

GRATITUDE

FITNESS/HEALTH

STEPS

MAKE TODAY
Awesome

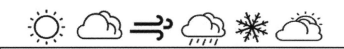

DATE	DAY

SCHEDULE

6 AM	
7 AM	
8 AM	
9 AM	
10 AM	
11 AM	
12 AM	
1 PM	
2 PM	
3 PM	
4 PM	
5 PM	
6 PM	
7 PM	
8 PM	
9 PM	
10 PM	
11 PM	

PRIORITIES

TO DO LIST

NOTES

MOOD

WATER

REMINDERS

IDEAS

GRATITUDE

FITNESS/HEALTH

STEPS

MAKE TODAY
Awesome

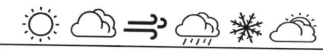

DATE		DAY

SCHEDULE

6 AM
7 AM
8 AM
9 AM
10 AM
11 AM
12 AM
1 PM
2 PM
3 PM
4 PM
5 PM
6 PM
7 PM
8 PM
9 PM
10 PM
11 PM

PRIORITIES

❯
❯
❯

TO DO LIST

⬢
⬢
⬢
⬢
⬢
⬢

NOTES

MOOD

WATER

REMINDERS

IDEAS

GRATITUDE

FITNESS/HEALTH

STEPS

MAKE TODAY
Awesome

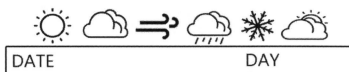

DATE	DAY

SCHEDULE

6 AM	
7 AM	
8 AM	
9 AM	
10 AM	
11 AM	
12 AM	
1 PM	
2 PM	
3 PM	
4 PM	
5 PM	
6 PM	
7 PM	
8 PM	
9 PM	
10 PM	
11 PM	

PRIORITIES

>
>
>

TO DO LIST

⬢
⬢
⬢
⬢
⬢
⬢

NOTES

MOOD

WATER

REMINDERS

IDEAS

GRATITUDE

FITNESS/HEALTH

STEPS

MAKE TODAY
Awesome

DATE	DAY

SCHEDULE

6 AM	
7 AM	
8 AM	
9 AM	
10 AM	
11 AM	
12 AM	
1 PM	
2 PM	
3 PM	
4 PM	
5 PM	
6 PM	
7 PM	
8 PM	
9 PM	
10 PM	
11 PM	

PRIORITIES

>
>
>

TO DO LIST

NOTES

MOOD

WATER

REMINDERS

IDEAS

GRATITUDE

FITNESS/HEALTH

STEPS

MAKE TODAY
Awesome

DATE	DAY

SCHEDULE

6 AM	
7 AM	
8 AM	
9 AM	
10 AM	
11 AM	
12 AM	
1 PM	
2 PM	
3 PM	
4 PM	
5 PM	
6 PM	
7 PM	
8 PM	
9 PM	
10 PM	
11 PM	

PRIORITIES

>
>
>

TO DO LIST

⬢
⬢
⬢
⬢
⬢
⬢

NOTES

MOOD

WATER

REMINDERS

IDEAS

GRATITUDE

FITNESS/HEALTH

STEPS

MAKE TODAY
Awesome

DATE	DAY

SCHEDULE

6 AM	
7 AM	
8 AM	
9 AM	
10 AM	
11 AM	
12 AM	
1 PM	
2 PM	
3 PM	
4 PM	
5 PM	
6 PM	
7 PM	
8 PM	
9 PM	
10 PM	
11 PM	

PRIORITIES

TO DO LIST

NOTES

MOOD

WATER

REMINDERS

IDEAS

GRATITUDE

FITNESS/HEALTH

STEPS

MAKE TODAY
Awesome

DATE	DAY

SCHEDULE

6 AM	
7 AM	
8 AM	
9 AM	
10 AM	
11 AM	
12 AM	
1 PM	
2 PM	
3 PM	
4 PM	
5 PM	
6 PM	
7 PM	
8 PM	
9 PM	
10 PM	
11 PM	

PRIORITIES

➤
➤
➤

TO DO LIST

⬡
⬡
⬡
⬡
⬡
⬡

NOTES

MOOD

WATER

REMINDERS

IDEAS

GRATITUDE

FITNESS/HEALTH

STEPS

MAKE TODAY
Awesome

DATE	DAY

SCHEDULE

6 AM	
7 AM	
8 AM	
9 AM	
10 AM	
11 AM	
12 AM	
1 PM	
2 PM	
3 PM	
4 PM	
5 PM	
6 PM	
7 PM	
8 PM	
9 PM	
10 PM	
11 PM	

PRIORITIES

>
>
>

TO DO LIST

NOTES

MOOD

WATER

REMINDERS

IDEAS

GRATITUDE

FITNESS/HEALTH

STEPS

MAKE TODAY
Awesome

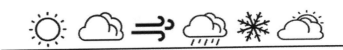

DATE	DAY

SCHEDULE

6 AM	
7 AM	
8 AM	
9 AM	
10 AM	
11 AM	
12 AM	
1 PM	
2 PM	
3 PM	
4 PM	
5 PM	
6 PM	
7 PM	
8 PM	
9 PM	
10 PM	
11 PM	

PRIORITIES

TO DO LIST

NOTES

MOOD

WATER

REMINDERS

IDEAS

GRATITUDE

FITNESS/HEALTH

STEPS

MAKE TODAY
Awesome

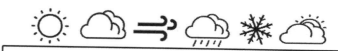

DATE	DAY

SCHEDULE
6 AM
7 AM
8 AM
9 AM
10 AM
11 AM
12 AM
1 PM
2 PM
3 PM
4 PM
5 PM
6 PM
7 PM
8 PM
9 PM
10 PM
11 PM

PRIORITIES
❯
❯
❯

TO DO LIST
⬢
⬢
⬢
⬢
⬢
⬢

NOTES

MOOD

WATER

REMINDERS	IDEAS

GRATITUDE	FITNESS/HEALTH	STEPS

MAKE TODAY
Awesome

DATE	DAY

SCHEDULE

6 AM	
7 AM	
8 AM	
9 AM	
10 AM	
11 AM	
12 AM	
1 PM	
2 PM	
3 PM	
4 PM	
5 PM	
6 PM	
7 PM	
8 PM	
9 PM	
10 PM	
11 PM	

PRIORITIES

- ❯
- ❯
- ❯

TO DO LIST

- ⬢
- ⬢
- ⬢
- ⬢
- ⬢
- ⬢

NOTES

MOOD

WATER

REMINDERS

IDEAS

GRATITUDE

FITNESS/HEALTH

STEPS

MAKE TODAY
Awesome

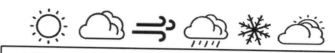

DATE	DAY

SCHEDULE

6 AM	
7 AM	
8 AM	
9 AM	
10 AM	
11 AM	
12 AM	
1 PM	
2 PM	
3 PM	
4 PM	
5 PM	
6 PM	
7 PM	
8 PM	
9 PM	
10 PM	
11 PM	

PRIORITIES

❯
❯
❯

TO DO LIST

⬡
⬡
⬡
⬡
⬡
⬡

NOTES

MOOD

WATER

REMINDERS

IDEAS

GRATITUDE

FITNESS/HEALTH

STEPS

MAKE TODAY
Awesome

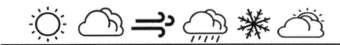

DATE	DAY

SCHEDULE

6 AM	
7 AM	
8 AM	
9 AM	
10 AM	
11 AM	
12 AM	
1 PM	
2 PM	
3 PM	
4 PM	
5 PM	
6 PM	
7 PM	
8 PM	
9 PM	
10 PM	
11 PM	

PRIORITIES

›
›
›

TO DO LIST

⬢
⬢
⬢
⬢
⬢
⬢

NOTES

MOOD

WATER

REMINDERS

IDEAS

GRATITUDE

FITNESS/HEALTH

STEPS

MAKE TODAY
Awesome

DATE	DAY

SCHEDULE

6 AM	
7 AM	
8 AM	
9 AM	
10 AM	
11 AM	
12 AM	
1 PM	
2 PM	
3 PM	
4 PM	
5 PM	
6 PM	
7 PM	
8 PM	
9 PM	
10 PM	
11 PM	

PRIORITIES

>
>
>

TO DO LIST

NOTES

MOOD

WATER

REMINDERS

IDEAS

GRATITUDE

FITNESS/HEALTH

STEPS

MAKE TODAY
Awesome

DATE	DAY

SCHEDULE

6 AM
7 AM
8 AM
9 AM
10 AM
11 AM
12 AM
1 PM
2 PM
3 PM
4 PM
5 PM
6 PM
7 PM
8 PM
9 PM
10 PM
11 PM

PRIORITIES

>
>
>

TO DO LIST

-
-
-
-
-
-

NOTES

MOOD

WATER

REMINDERS

IDEAS

GRATITUDE

FITNESS/HEALTH

STEPS

MAKE TODAY
Awesome

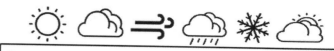

DATE	DAY

SCHEDULE

6 AM	
7 AM	
8 AM	
9 AM	
10 AM	
11 AM	
12 AM	
1 PM	
2 PM	
3 PM	
4 PM	
5 PM	
6 PM	
7 PM	
8 PM	
9 PM	
10 PM	
11 PM	

PRIORITIES

>
>
>

TO DO LIST

-
-
-
-
-
-

NOTES

MOOD

WATER

REMINDERS

IDEAS

GRATITUDE

FITNESS/HEALTH

STEPS

MAKE TODAY
Awesome

DATE		DAY	

SCHEDULE

6 AM
7 AM
8 AM
9 AM
10 AM
11 AM
12 AM
1 PM
2 PM
3 PM
4 PM
5 PM
6 PM
7 PM
8 PM
9 PM
10 PM
11 PM

PRIORITIES

❯
❯
❯

TO DO LIST

⬡
⬡
⬡
⬡
⬡
⬡

NOTES

MOOD

WATER

REMINDERS

IDEAS

GRATITUDE

FITNESS/HEALTH

STEPS

MAKE TODAY
Awesome

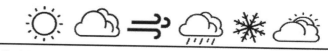

DATE	DAY

SCHEDULE

6 AM	
7 AM	
8 AM	
9 AM	
10 AM	
11 AM	
12 AM	
1 PM	
2 PM	
3 PM	
4 PM	
5 PM	
6 PM	
7 PM	
8 PM	
9 PM	
10 PM	
11 PM	

PRIORITIES

TO DO LIST

NOTES

MOOD

WATER

REMINDERS

IDEAS

GRATITUDE

FITNESS/HEALTH

STEPS

MAKE TODAY
Awesome

DATE	DAY

SCHEDULE

6 AM	
7 AM	
8 AM	
9 AM	
10 AM	
11 AM	
12 AM	
1 PM	
2 PM	
3 PM	
4 PM	
5 PM	
6 PM	
7 PM	
8 PM	
9 PM	
10 PM	
11 PM	

PRIORITIES

❯
❯
❯

TO DO LIST

⬢
⬢
⬢
⬢
⬢
⬢

NOTES

MOOD

WATER

REMINDERS

IDEAS

GRATITUDE

FITNESS/HEALTH

STEPS

MAKE TODAY
Awesome

DATE		DAY	

SCHEDULE

6 AM	
7 AM	
8 AM	
9 AM	
10 AM	
11 AM	
12 AM	
1 PM	
2 PM	
3 PM	
4 PM	
5 PM	
6 PM	
7 PM	
8 PM	
9 PM	
10 PM	
11 PM	

PRIORITIES

›
›
›

TO DO LIST

⬢
⬢
⬢
⬢
⬢
⬢

NOTES

MOOD

WATER

REMINDERS

IDEAS

GRATITUDE

FITNESS/HEALTH

STEPS

MAKE TODAY
Awesome

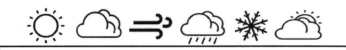

DATE	DAY

SCHEDULE

6 AM
7 AM
8 AM
9 AM
10 AM
11 AM
12 AM
1 PM
2 PM
3 PM
4 PM
5 PM
6 PM
7 PM
8 PM
9 PM
10 PM
11 PM

PRIORITIES

>
>
>

TO DO LIST

⬡
⬡
⬡
⬡
⬡
⬡

NOTES

MOOD

WATER

REMINDERS

IDEAS

GRATITUDE

FITNESS/HEALTH

STEPS

MAKE TODAY
Awesome

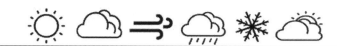

DATE	DAY

SCHEDULE

6 AM	
7 AM	
8 AM	
9 AM	
10 AM	
11 AM	
12 AM	
1 PM	
2 PM	
3 PM	
4 PM	
5 PM	
6 PM	
7 PM	
8 PM	
9 PM	
10 PM	
11 PM	

PRIORITIES

>
>
>

TO DO LIST

NOTES

MOOD

WATER

REMINDERS

IDEAS

GRATITUDE

FITNESS/HEALTH

STEPS

MAKE TODAY
Awesome

DATE		DAY

SCHEDULE

6 AM
7 AM
8 AM
9 AM
10 AM
11 AM
12 AM
1 PM
2 PM
3 PM
4 PM
5 PM
6 PM
7 PM
8 PM
9 PM
10 PM
11 PM

PRIORITIES

❯
❯
❯

TO DO LIST

⬡
⬡
⬡
⬡
⬡
⬡

NOTES

MOOD

WATER

REMINDERS

IDEAS

GRATITUDE

FITNESS/HEALTH

STEPS

MAKE TODAY
Awesome

DATE	DAY

SCHEDULE

6 AM
7 AM
8 AM
9 AM
10 AM
11 AM
12 AM
1 PM
2 PM
3 PM
4 PM
5 PM
6 PM
7 PM
8 PM
9 PM
10 PM
11 PM

PRIORITIES

>
>
>

TO DO LIST

-
-
-
-
-
-

NOTES

MOOD

WATER

REMINDERS

IDEAS

GRATITUDE

FITNESS/HEALTH

STEPS

MAKE TODAY
Awesome

DATE	DAY

SCHEDULE

6 AM	
7 AM	
8 AM	
9 AM	
10 AM	
11 AM	
12 AM	
1 PM	
2 PM	
3 PM	
4 PM	
5 PM	
6 PM	
7 PM	
8 PM	
9 PM	
10 PM	
11 PM	

PRIORITIES

>
>
>

TO DO LIST

- ⬢
- ⬢
- ⬢
- ⬢
- ⬢
- ⬢

NOTES

MOOD

WATER

REMINDERS

IDEAS

GRATITUDE

FITNESS/HEALTH

STEPS

MAKE TODAY
Awesome

DATE		DAY	

SCHEDULE

6 AM	
7 AM	
8 AM	
9 AM	
10 AM	
11 AM	
12 AM	
1 PM	
2 PM	
3 PM	
4 PM	
5 PM	
6 PM	
7 PM	
8 PM	
9 PM	
10 PM	
11 PM	

PRIORITIES

❯
❯
❯

TO DO LIST

⬡
⬡
⬡
⬡
⬡
⬡

NOTES

MOOD

WATER

REMINDERS

IDEAS

GRATITUDE

FITNESS/HEALTH

STEPS

Made in the USA
Las Vegas, NV
17 April 2021